# AUBRAC

SON MONASTÈRE — SES FORÊTS

SES PATURAGES

PAR

## Paul BUFFAULT

INSPECTEUR DES EAUX ET FORÊTS

*RODEZ*

IMPRIMERIE E. CARRÈRE

1903

# AUBRAC

## SON MONASTÈRE — SES FORÊTS
## SES PATURAGES

# AUBRAC

## SON MONASTÈRE — SES FORÊTS
## SES PATURAGES

PAR

### Paul BUFFAULT

INSPECTEUR DES EAUX ET FORÊTS

RODEZ

IMPRIMERIE E. CARRÈRE

1903

# AUBRAC

SON MONASTÈRE — SES FORÊTS

SES PATURAGES

A peu de distance du massif imposant des monts du Cantal s'étend un vaste plateau de schiste et de granite recouvert en partie de coulées basaltiques. La forme de ce plateau est elliptique : il mesure 55 kil. de long sur 40 kil. de large et se rattache vers l'E. aux monts de la Margeride auxquels le relie une série de hauteurs disposées en une bande étroite. La Truyère, la Colagne et le Lot l'enserrent de toutes parts de leurs capricieux contours, roulant leurs eaux tumultueuses dans de profondes vallées, ou parfois dans des gorges resserrées et abruptes qui donnent au paysage un caractère grandiose et sévère. Les gisements basaltiques se présentent tantôt sous la forme de buttes ou d'amas irrégulièrement groupés, tantôt sous l'aspect d'étroites coulées juxtaposées se terminant par des escarpements en lignes sinueuses et irrégulières profondément découpées ; ils constituent le faîte et les contreforts d'une chaîne de montagnes dirigée du S.-E. au N.-O. en travers du plateau et dont les points culminants atteignent 1451 et 1471 mètres d'altitude. Le pourtour du plateau offre la configuration mollement ondulée des régions granitiques ; l'altitude moyenne est de 1110 mètres ; tandis qu'il s'incline doucement au N. et à l'E. vers la vallée de la Truyère, il présente vers le S. et vers l'O. une pente plus accentuée et s'arrête presque à pic sur la vallée du Lot, qu'il domine de 480 mètres. Toute cette région, remarquable par la richesse de ses pâturages, porte le nom de *pays d'Aubrac.*

« On ne peut nier, dit M. Martel dans son très intéressant ouvrage sur *Les Cévennes,* que dans la belle saison cette immensité de pâturages, émaillés de fleurs aux mille couleurs, animés de troupeaux bruyants, n'ait un particulier cachet de grandeur et d'originalité; c'est la pampa argentine, la savane du Missouri, l'infini de la mer, en un mot; aussi l'a-t-on appelée « *un petit Far West* », un « *désert d'herbes* ». Mais sur cet océan de verdure les rudes éléments sont les maîtres et leurs caprices deviennent terribles à 1300 mètres d'altitude, sans rideaux de montagnes pour les réfréner... Quand les froides brises de l'automne balayent la plane surface, quand les bruyères sont desséchées et les bestiaux descendus dans la plaine, le *spleen* seul règne là-haut où rien ne rompt la monotonie et l'uniformité (1).»

Cette attachante description de l'intrépide explorateur des Cévennes et des Causses suffirait sans doute à donner à ceux qui n'ont pas parcouru les montagnes d'Aubrac le désir de les connaître. Elle nous fera pardonner, nous l'espérons, la longueur de ces pages, écrites dans le but d'attirer l'attention sur cette région, si difficile d'accès et si peu hospitalière. Les terrasses d'Aubrac offrent au touriste de magnifiques points de vue, au géologue de superbes coulées basaltiques, des amas éruptifs en forme de pitons ou de « colonnes dont la hardiesse et la régularité frappent et étonnent le regard (2) », au botaniste des plantes rares et curieuses, à l'archéologue des restes d'anciens édifices évoquant de lointains souvenirs ; elles méritent d'ailleurs d'être étudiées à un autre point de vue.

Ces vastes solitudes où pendant plusieurs heures de marche, le voyageur n'aperçoit ni un arbre ni un buisson, étaient autrefois couvertes d'épaisses forêts. Il n'en reste plus aujourd'hui que des lambeaux ; mais ces débris de l'antique forêt des Cévennes sont encore assez importants pour qu'on essaye de les faire connaître. Ces hautes futaies, devenues actuellement de mauvais

---

(1) E. A. Martel. *Les Cévennes*, 1890. Delagrave.

(2) A. Boisse. *Esquisse géologique du département de l'Aveyron*, 1870. Imprimerie nationale.

taillis furetés, ont une histoire, hélas !
combien féconde en enseignements !
Peut-être ne nous saura-t-on pas mauvais gré d'en présenter un résumé.

Sur les pentes occidentales de la
chaîne d'Aubrac, à 1 300 mètres d'altitude moyenne, s'étendent 4 500 hectares
environ de forêts réparties en deux
grandes masses, au N. et au S. du village d'Aubrac, hameau de la commune
de Saint-Chély. Les deux tiers de cette
surface boisée appartenaient à l'hôpital
d'Aubrac et leur histoire, ainsi que
celle des droits d'usage qui y sont exercés, se lie intimement à celle de cet établissement.

Nous résumerons donc les principaux
traits de l'histoire du monastère ; nous
donnerons ensuite une description des
forêts aussi exacte que possible, puis nous
exposerons la nature et la constitution
des droits d'usage qui se sont dévelop-
pés dans les forêts d'Aubrac, les différentes particularités par lesquelles se
signale l'exercice de ces droits, et une
rapide analyse des instances dont ils
ont été l'occasion ; enfin nous donnerons
quelques renseignements sur la culture
pastorale à Aubrac, le caractère et les
mœurs des habitants de ces montagnes.

# I

## LE MONASTÈRE D'AUBRAC

Situé à 1 260 m. d'altitude, le village d'Aubrac (1) ne compte pas plus d'une quarantaine d'habitants. Il comprend aujourd'hui les restes de l'ancien monastère, plus trois hôtels et un café de construction récente. La réunion de ces bâtiments qui, protégés contre le vent du nord par une ceinture de sommets de 1 360 à 1 400 m. d'altitude, sont exposés en plein midi et dominent la vallée de la Boralde (2), affluent du Lot, donne au village un aspect tout à fait original ; mais en les apercevant, on ne peut se faire une idée exacte de l'ensemble que présentait le monastère. Il ne

(1) D'après Bullet, Aubrac vient des deux mots celtiques *Allt brac,* grandes montagnes.
(2) En patois, *boralde* veut dire torrent.

reste en effet des constructions monastiques que peu de chose ; un édifice du xii<sup>e</sup> siècle, remarquable par ses fenêtres étroites à meneaux (autrefois l'hôpital, actuellement la maison forestière), une grande tour carrée de 30 m. de hauteur, aux formes massives, percée du côté du midi de six larges ouvertures, l'église du chapitre, du style byzantin de transition, construite aux xii<sup>e</sup> et xiii<sup>e</sup> siècles, surmontée d'un clocher de même forme que la tour (1), enfin le presbytère, construction sans caractère.

Le couvent s'étendait sur une longueur de 111 mètres et sur une largeur de 93 mètres ; il était entouré d'une haute et épaisse muraille et comprenait, outre les bâtiments que nous venons d'énumérer, deux corps de logis perpendiculaires l'un à l'autre qui servaient d'habitation au supérieur et aux religieux, un cloître, une chapelle dite « du collège », un cimetière, un four, une boulangerie, une forge, des écuries (2) des prisons et autres dépendances. Sur la porte d'entrée, se lisait l'inscription suivante : « *In loco horroris et vastæ solitudinis* » (3). En de-

---

(1) Le clocher de l'église renfermait une cloche destinée à guider les voyageurs égarés ; on la sonnait tous les soirs pendant deux heures. Cette *précaution* n'était pas inutile dans une région où la neige subsiste sur une grande épaisseur de la fin d'octobre à la fin de mai. Tout récemment l'Administration des Ponts et Chaussées, faisant revivre l'ancienne tradition, a fait placer à la maison cantonnière du Trap, à 1 359 m. d'altitude, une cloche que l'on sonne de demi-heure en demi-heure, l'hiver, par les temps de brouillard.

(2) Les écuries des religieux pouvaient contenir 21 chevaux, celle du *dom* ou supérieur 25.

(3) Un registre de la sacristie d'Aubrac conservé à

hors de l'enceinte du couvent, se trouvaient une auberge et une vaste écurie qui étaient mises à la disposition des voyageurs (1).

La destination du monastère était en effet tout à fait spéciale et on l'a appelé, non sans raison, *Le Saint-Bernard du Plateau Central*. Ceci nous conduit à relater les circonstances qui déterminèrent sa fondation entreprise, d'après les anciens actes, dans le but de : « *recevoir, ramasser et réconforter les pèlerins qui passaient sur ces montagnes pour aller visiter les églises de la bienheureuse Marie de Roc-Amadour, de St-Jacques de Compostelle, de St-Sauveur d'Onède, de St-Dominique de l'Estramadure et le saint Sépulchre de notre Sauveur.* »

Vers l'an 1110, Adalard, fils d'un comte de Flandre, se rendant en pèlerinage à Saint-Jacques-de-Compostelle, traversait ces contrées âpres et rudes, couvertes de forêts, où n'existait d'autre route qu'une ancienne voie romaine, lorsqu'il fut assailli par une troupe de brigands, appostés dans le but de détrousser les voyageurs engagés dans ces

---

la Bibliothèque nationale contient la description suivante : « *Locus horroris et vastæ solitudinis, terribilis, sylvester, tenebrosus et inhabitabilis, ubi nullus cibus aut fructus nec circâ tres leucas pro sustantione humani generis excrescebat, neque colligi aut fructificari poterat* (*Manuscrits de Colbert*), Bibl. nat. n° 134). )

(1) On trouve dans l'ouvrage de M. Deltour (*Aubrac, son ancien hôpital, ses montagnes, sa flore* — Rodez, 1892, imp. Colomb) la description détaillée du monastère d'Aubrac, avec gravures et plans. Nous avons pu consulter également un plan fort curieux du monastère et de ses dépendances dressé en 1793 par Portail, géomètre et cy-devant féodiste de la ville d'Espalion.

solitudes. Tout en faisant face à ses agresseurs, Adalard fit le vœu, s'il échappait à leurs coups, de fonder à cet endroit même un hôpital pour recevoir les pèlerins et de purger ces montagnes des bandits qui les infestaient.

Ayant poursuivi son voyage et accompli son pèlerinage, il traversait de nouveau ces parages, se dirigeant vers la Flandre, d'ailleurs assez peu soucieux de sa promesse, lorsqu'aveuglé par une tourmente de neige, il s'égara et fut précipité avec la mule qui le portait dans une fondrière. Ce nouveau danger le fit ressouvenir de son vœu, qu'il remplit quelques années après (1).

_______

(1) La fondation de l'hôpital est rapportée comme il suit dans la déclaration des biens des gens d'église faite en 1522 à l'occasion de la perception des droits d'amortissement au diocèse de Rodez :

« Et premièrement est à présupposer que ledit hospital des pauvres Nostre-Dame d'Aulbrac cinq cens ans a ou plus, a esté, miraculeusement et par révélacion divine fondé par ung comte de Flandres appelé Alazard, en revenant pellerin de Sainct-Jacques, surprins au lieu où il est assiz ledit hospital de neiges, froidures et grande diversité de temps et aussi de dangier de sa personne de larrons qui destroussaient et tuoient les gens audit lieu plain de bois et autre mauvaiz païs inhabitable dont icelluy comte voyant ceci se retourna à Dieu et à Nostre-Dame sa mère, leur suppliant dévotement de le délivrer de ce dangier, et lors lui fut révélé fonder une église et religion à l'onneur de Nostre-Dame pour y estre fait le service divin et ung hospital pour y recueillir les pauvres allans et revenans à Sainct-Jacques et austres pèlerinages : ce que ledit comte promist, proposa et délibéra de faire.

» Item après lui avoir esté en son païs et avoir faicte provision d'argent, délibéra retourner audit lieu pour accomplir son vœu et promesse, comme il fist et là acquit ledit lieu d'Aulbrac, montaignes, bois et autres terres cy desoubz mencionées, auquel lieu n'abitaient que bestes sauvages. Et après soy délibéra y bastir ung hospital et faire une église au mieulx qu'il peut, et feut ainsi qu'il luy avoit esté revelé par l'ange,

C'est en 1120 que fut fondé le monastère avec l'agrément d'Hugues, comte de Rodez. Adalard fit d'abord construire un bâtiment destiné à recevoir les pèlerins et les voyageurs et un hôpital. Il établit à Aubrac une communauté de treize prêtres à laquelle il donna de sages constitutions et qu'il dota de riches revenus. Une règle nouvelle fut donnée aux religieux en 1162 par Pierre II, évêque de Rodez. La communauté comprenait alors :

1° Des prêtres auxquels incombaient le service de l'église et la direction du monastère ;

2° Douze chevaliers chargés d'escorter les pèlerins, de les défendre contre les malfaiteurs et d'éloigner ceux-ci du territoire de l'hôpital (1).

3° Des frères clercs et laïques appelés à donner leurs soins aux malades et aux infirmes.

4° Des dames de qualité attachées plus spécialement au service de l'hôpital, qui devaient, avec l'assistance de servantes, laver les pieds des pèlerins, nettoyer leurs vêtements, faire leurs lits.

5° Des *donats* qui s'occupaient de gé-

comme dessus est dit ; et la fist sa pénitance tant qu'il vesquit en dobtant ladite église et hospital du revenu ensuyvant en y exerçant les euvres de charité et y tenant hospitalité, laquelle deppuis y a esté tenue et gardée. »

(1) Les prêtres et les chevaliers portaient comme signe distinctif une croix de taffetas bleu de ciel à huit pointes au côté gauche de l'habit.

rer les fermes et les propriétés de la communauté (1).

L'hôpital ne tarda pas en effet à recevoir de nombreuses donations des seigneurs voisins et de tous ceux qui s'intéressaient à l'œuvre entreprise par Adalard et poursuivie par ses successeurs.

Les évêques de Rodez et de Clermont, les comtes de Rodez, d'Armagnac et de Valence, le roi d'Aragon, les seigneurs de Sainte-Urcize, de Calmont-d'Olt, d'Estaing, etc., le comblèrent de dotations, en même temps que le pape Alexandre III couvrait les religieux de sa protection et leur reconnaissait le privilège de ne dépendre que du Saint-Siège.

La conséquence de toutes ces faveurs fut la constitution d'un immense domaine autour de l'hôpital ; il ne comprit d'abord que des terres incultes et marécageuses, mais elles furent vite mises en valeur, grâce à l'activité des moines et des donats. *Le grand bois d'Aubrac* devint la propriété du couvent par donation du marquis Déodat de Canillac reconnue dans des actes de 1241 et 1246. En 1649, les possessions du monastère s'étendaient sur 9 paroisses du Rouergue et sur 11 paroisses du Gévaudan et les revenus pouvaient être évalués en 1780 à plus de 80 700 livres,

---

(1) D'après un acte de 1270, les donats étaient des individus qui s'étaient donnés eux et leurs biens au service de l'hôpital et qui y restaient aux dépens d'icelui. Ils étaient traités comme les frères de l'hôpital.

soit plus de 161 500 fr. valeur actuelle. Les religieux distribuaient annuellement en aumônes dans les paroisses voisines 2 000 charges de blé et jusqu'à 15 000 livres d'argent (1): un pain suffisant pour un repas était remis à tous ceux qui se présentaient à la porte du couvent.

Jusqu'au XIVᵉ siècle, le supérieur de la communauté d'Aubrac et de ses succursales (2) prit le nom de *ministre majeur* ; à partir de 1240, il fut appelé *domp* ou *dom* (*dompnus* du latin *dominus*). Le monastère fut dès lors appelé *domerie* (*dompnaria*).

De 1120 à 1437, l'hôpital fut gouverné par 19 ministres ou doms, qui portèrent au plus haut point sa prospérité. Celle-ci excita l'envie des communautés voisines qui ne voyaient pas sans déplaisir l'accroissement de sa puissance. Aussi les chevaliers de Saint-Jean de Jérusalem en 1297 et 1317, les Templiers en 1310 tentèrent-ils de réunir à leur ordre l'hôpital d'Aubrac. Le couvent complètement pillé en 1210 par les Albigeois fut de nouveau attaqué par eux en 1300. Décimés par la peste en 1348, les religieux, inquiets des

_______________

(1) En 1522, l'aumône était distribuée à plus de 500 pauvres et les jours de fête à plus de 1000 personnes.

(2) Les religieux d'Aubrac desservaient les églises d'un grand nombre de paroisses voisines : ils avaient la direction des hôpitaux ou commanderies de N.-D. du Pas à Rodez, de Millau, Najac, Saint-Geniez, Bozouls en Rouergue, ainsi que de la léproserie de Condom, des hôpitaux de Marvejols, Chirac, Meyrueis en Gévaudan, l'Isle en Dodon (Comminges), Anduze (Cévennes).

incursions faites par les Anglais dans le Rouergue, firent élever la grande tour carrée qui dominait le monastère à l'O. afin d'augmenter leurs moyens de défense ; cette tour achevée en 1353 a gardé le nom de *tour des Anglais*. Sa construction n'empêcha pas les *compagnies anglaises*, sous le commandement de Bertucat d'Albret, de ravager les terres de l'hôpital après le traité de Brétigny, d'enlever un nombre considérable de bestiaux (1360) et de se présenter de nouveau sous les murs du couvent quinze ans après, menaçant de le mettre à sac si on ne leur versait pas une forte rançon.

En 1461 le monastère eut à subir un nouvel assaut ; une bande de brigands profitant du trouble causé dans le Rouergue par les guerres de Charles VII contre la maison d'Armagnac pilla l'hôpital et se livra à de nombreuses déprédations dans les terres qui en dépendaient.

Le relâchement des religieux dans l'observation de leur règle et leur esprit d'insubordination, favorisé par les troubles du dehors, avaient rendu nécessaire l'application d'une réforme en 1408. Le nombre des religieux hospitaliers fut fixé à soixante-dix : quarante prêtres, dont vingt pour le service de l'église d'Aubrac, vingt pour les hôpitaux, commanderies ou églises en dépendant, seize clercs, quatre chevaliers « gentilshommes de nom et d'armes » et dix sœurs. Le nombre des chevaliers fut depuis réduit successivement : il n'y en avait plus qu'un au XVIII<sup>e</sup> siècle. L'administration des bois et forêts était fréquemment dévolue à un des chevaliers (1).

En 1467, la domerie fut érigée en abbaye commendataire. Les revenus de toute nature furent partagés en trois lots égaux : le premier lot fut attribué au « *seigneur dom* », le deuxième lot échut au chapitre, le troisième fut mis à la disposition du dom qui devait en retour acquitter toutes les charges de la communauté (2). Cette mesure fut l'origine de la décadence du monastère d'Aubrac. Dès lors, il ne fut plus gouverné, à quelques exceptions près, que par des chefs plus soucieux de toucher les revenus de leur bénéfice que d'assurer le bon ordre et la régularité de la conduite de leurs inférieurs. De 1467 à 1790, Aubrac compta 17 abbés commendataires : parmi les plus connus d'entre eux, nous citerons : le cardinal Georges d'Armagnac, conseiller d'Etat, ambassadeur de François I<sup>er</sup> à Venise et à Rome, archevêque de Toulouse et d'Avignon, le cardinal de Sourdis, archevêque de Bordeaux, le cardinal Mazarin, Louis-Antoine, cardinal de Noailles, évêque de Chalons, Gaston, cardinal de Noailles, également évêque de Chalons,

---

(1) Une lettre du cardinal Mazarin, en date du 8 février 1649, « à ses bien-aimés les vénérables sacristains, religieux et chapitre de Notre-Dame d'Albrac, diocèse de Rodez », institue chevalier religieux » dans notre monastère et chapitre d'Albrac » le sieur de Glandière de Brussac, lui attribuant « *l'intendance et garde des eaux et forêts et chasses* dans ladite terre » et l'interdisant à toute autre personne.

(2) Elles étaient évaluées à 20 313 livres en 1692 Le traitement des quatre *gardes-bois* s'élevait à 600 livres.

frère du précédent. L'avant-dernier dom fut Jean-Baptiste-Charles-François de Clermont-d'Amboise, colonel du régiment de Royal-Bretagne, qui prit possession de son bénéfice à dix-huit ans !

Le 20 juillet 1533, l'hôpital d'Aubrac reçut la visite du roi François Iᵉʳ, qui se rendait du Puy à Toulouse. Il passa trois jours au monastère et se livra au plaisir de la chasse aux oiseaux de proie. L'année suivante défense fut faite « de par le roy, à toutes personnes de quelque qualité et quelque condition qu'elles fussent de prendre aucun oiseau de proie dans les bois d'Aubrac. »

Les guerres de religion furent la cause de nouveaux désastres pour la domerie. Deux fois mise à sac en 1560 par les calvinistes venus de Millau, elle eut à soutenir, en janvier 1580, un siège en règle contre le fameux capitaine Merle, à la tête d'une troupe nombreuse de huguenots : ne pouvant réussir à forcer le couvent, ce redouté chef de partisans enlève 4.000 bêtes à cornes. Les ligueurs, qu'on dirait jaloux de leurs adversaires, prennent à leur tour le monastère d'assaut, le 20 mai 1595, sous la conduite de Montmorency-Fosseuse, gouverneur de Gévaudan ; les religieux sont massacrés et les dépouilles de l'hôpital dirigées sur Mende. De nouvelles exactions sont encore commises en août 1595 par les soldats de M. de la Grandelle, qui prennent possession d'Aubrac au nom du gouverneur du roi en la comté de Rodez.

Une dernière razzia fut opérée en

1656 par Clément de Jonchières. Celui-ci étant en discussion d'intérêts avec le dom Anne de Lévis de Ventadour, archevêque de Bourges, ne trouva rien de mieux que de tenter un coup de main contre l'hôpital ; il n'y put réussir, mais il s'empara du château de Bonnefon, situé à 6 k. 500 au S.-O. d'Aubrac, où les religieux concentraient, en temps de troubles, leur bétail et leurs céréales, et fit main-basse sur tous les vivres, animaux et provisions qu'il contenait.

Tandis que le monastère subissait ces rudes assauts, la discipline intérieure se relàchait de plus en plus. Sous le domnat d'Octave de Bellegarde, évêque d'Auxerre à 27 ans et dom d'Aubrac à 16 ans, les abus les plus étranges et les plus regrettables s'étaient introduits dans le couvent ; les parents et amis des religieux s'y rendaient une partie de l'année et se livraient avec eux à de continuelles orgies ; le débordement des mœurs était extrême. Des tentatives de réforme, faites en 1671 et en 1694, ne donnèrent pas de résultats sérieux.

On fait appel en 1696 aux chanoines réguliers de Sainte-Geneviève sur lesquels on compte pour ramener l'édification dans la maison d'Aubrac : ils n'y restent que six mois et partent sous le prétexte que leur santé ne peut s'accommoder de la rigueur du climat.

En 1697, l'évêque de Rodez qui avait pris en main la direction des projets de réforme, avec l'assentiment du dom, fait venir à Aubrac les chanoines réguliers de saint Augustin, de l'abbaye de Chancelade en Périgord, et les religieux sont soumis désormais à la juridiction de l'ordinaire (1). Mais la venue des nouveaux hospitaliers n'améliore pas la situation ; ils font d'Aubrac leur maison de plaisance, y passent une partie du carnaval, n'entrent au chœur qu'à 6 heures ; l'hospitalité n'est plus exercée au profit des pèlerins et des passants, les religieux sont d'une fierté insupportable.

La distribution des aumônes était l'occasion d'une foule de désordres. On venait de fort loin chercher le pain que les religieux remettaient gratuitement à la porte du monastère ; les habitants des paroisses situées à 3 et 4 lieues à la ronde s'habituaient à ne compter pour ainsi dire que sur cette aumône ; ils venaient en foule, avec leurs enfants et leurs domestiques et dépensaient ainsi plus de temps que le pain reçu ne représentait de valeur. Des attroupements et des luttes scandaleuses se produisaient fréquemment devant l'hôpital. Ces secours mis indistinctement à la disposition des populations voisines étaient devenus « une cause permanente de fainéantise, de vagabondage et de dissolution (2) ». Le parlement de Toulouse intervint en 1745 pour régle-

_______

(1) Dans le relevé des propriétés de la domerie fait en 1699 à l'occasion de la prise de possession du couvent par les religieux de Chancelade, le revenu net est estimé à la somme de 42 000 livres ; le revenu des forêts du bénéfice (plus de 3.000 hect.) n'est compris dans ce chiffre que pour la somme de 200 livres.

(2) H. Affre. *Lettres à mes neveux sur l'histoire d'Espalion.*

menter la distribution des aumônes « que l'usage avait rendu abusive ». « Le plus frappant des abus, est-il dit dans l'exposé des motifs, consiste en ce que les personnes aisées et même quelques-unes qui sont riches se sont comme approprié une bonne partie de ce qui n'appartient qu'aux vrais pauvres ; elles ne craignent pas d'aller elles-mêmes et d'autres fois envoyer leurs domestiques recevoir l'aumône en bled, pain ou argent (1) ». La réduction des aumônes à 760 setiers de seigle et 3.000 livres d'argent et l'affectation à chaque paroisse d'une somme en rapport avec le chiffre de la population rendirent la misère plus grande, sans supprimer la mendicité.

Un édit royal de 1760 supprima le bénéfice d'Aubrac pour affecter les revenus de la domerie à l'école militaire créée à Paris en 1751.

En vertu du décret du 5 avril 1792, le monastère d'Aubrac cessa d'exister ; les religieux furent dispersés, l'hôpital évacué et les malades transportés à l'hôpital de Saint-Geniez en exécution d'une décision du directoire du département de l'Aveyron en date du 24 floréal an IV.

---

(1) Il est assez piquant de constater que les critiques faites en 1745 par le Parlement de Toulouse au sujet des abus commis dans la distribution des aumônes s'appliquent encore à l'heure actuelle au mode de jouissance des droits d'usage dans les forêts d'Aubrac. En raison de la distance considérable qui sépare les agglomérations usagères de la forêt, les usagers, qui disposent d'une ou de plusieurs paires de bœufs et d'un char, peuvent seuls participer aux délivrances, à l'exclusion des pauvres dont les droits sont absolument méconnus.

# II

## FORÊT DOMANIALE D'AUBRAC

Les forêts de l'hôpital d'Aubrac provenaient de dons faits à cet établissement par le comte de Rodez et le marquis de Canillac. D'après les procès-verbaux de réformation de 1670 et le procès-verbal de visite dressé en 1714 par M. Anceau, grand-maître des eaux et forêts à Toulouse, leur contenance était de 6757 arpents à la mesure de Toulouse, soit 3788 hectares, dont 5637 arpents (3171 hectares) situés en Rouergue et 1100 arpents (617 hectares) en Gévaudan.

Les bois situés en Gévaudan ont été vendus après 1792 et presque tous détruits. C'étaient d'ailleurs des boqueteaux épars au milieu des pâturages, dévastés par les délits et abroutis par les bestiaux, par suite du défaut de surveillance constaté à maintes reprises par les commissaires réformateurs. On s'expliquera d'ailleurs facilement le mauvais état de ces bois, en remarquant que, d'après les actes de partage de 1467 et de 1699, les forêts de l'hôpital faisaient partie des lots attribués au dom ; les religieux habitant le couvent étaient simplement des usufruitiers et c'est à eux qu'incombait en réalité le soin de garantir les propriétés du dom contre la rapacité des populations environnantes.

L'Etat a conservé les forêts situées autrefois en Rouergue, à l'exception de 260 hectares qui paraissent avoir été usurpés et de 540 hectares, dont la commune de Condom est arrivée à se faire reconnaître propriétaire par jugement du tribunal d'Espalion en date du 12 mars 1811. Cette décision judiciaire était basée sur une transaction intervenue en 1276 (1) entre le dom d'Aubrac et les habitants de Condom. Aux termes de cet acte, ces derniers avaient la faculté de prendre l'herbe, du bois gros et petit, d'exercer le droit de pâturage et de panage pour leurs animaux dans une partie de la forêt. Le tribunal d'Es-

---

(1) Nous transcrivons ici le passage le plus intéressant de la transaction de 1276 : « Item decimus, ordinamus, et pronunciamus et præcipimus quod dicti habitatores qui nunc sunt et pro tempore fuerunt in dicto territorio possint habere et percipere herbas et ligna et fustas et aquas de territorio prodicti hospitalis et herbas et glandas depascere cum eorum animalibus illorum locorum et territoriorum et mansorum in quibus habitant et habitabunt dicti hospitalis de quibus facere consueverunt sine contradictione dicti hospitalis. »

pation a donc admis que le droit de prendre l'herbe, le bois et les eaux se confondait avec le droit de propriété, alors qu'en 1707 la paroisse de Condom avait formellement reconnu que le terrain grevé de droits d'usage d'après la transaction analysée ci-dessus était la propriété de l'hôpital ! Cet exemple fera comprendre quelles sont les difficultés contre lesquelles le service forestier a eu à lutter pour maintenir les droits de l'Etat en face des appétits d'une population aussi misérable que peu laborieuse.

La contenance actuelle de la forêt domaniale d'Aubrac est de 2 379 hectares répartis en quatre tènements :

1º Regambal, 512 hectares à 1 200 mètres au N.-O. d'Aubrac.

2º L'Adrech et Gandilloc, 81 hectares à 800 mètres au S.-S.-O. d'Aubrac.

3º Le grand bois d'Aubrac, 1 613 hectares à 1 300 mètres au S.-S.-E. d'Aubrac.

4º Les Fouilloux, Tire-Oreille et Favarède, 173 hectares à 7 500 mètres au S.-O. d'Aubrac.

Ces différents cantons sont situés sur les versants des vallées au fond desquelles coulent des ruissaux tributaires du Lot ou sur les plateaux intermédiaires à l'exposition de l'ouest, du nord-ouest ou du sud-ouest. La végétation est contrariée sur les sommets et les plateaux par les vents qui sont d'une extrême violence, et qui soufflent généralement du N. et du N.-O. Le climat est rude ; les brouillards apparaissent fréquemment et persistent pendant plusieurs jours ; la neige tombe en abondance et séjourne cinq ou six mois, de novembre à mai. La température moyenne est de + 6° Les effets des ouragans sont souvent terribles (1).

Le sol, formé par la désagrégation des roches basaltiques est léger, divisé, généralement frais et assez profond, quand les fragments pierreux ne sont pas trop abondants.

L'altitude varie de 650 mètres (canton de Favarède) à 1 442 mètres (canton de Regambal) ; l'altitude moyenne est de 1 250 mètres environ.

Le hêtre constitue les 0,9 du peuplement. On rencontre quelques alisiers blancs sur les hauts plateaux et sur les versants exposés au Nord ; l'aune se montre le long des ruisseaux. Le chêne ne se trouve que dans le canton des Fouilloux.

Afin de donner une description plus exacte de la forêt, nous allons prendre successivement les différents cantons énumérés ci-dessus.

1° CANTON DE REGAMBAL. — Ce tènement, le plus septentrional de la forêt, est situé sur les pentes assez escarpées d'un mamelon que couronne le signal de *Las Truques* (1 442 mètres d'altitude); ce point est le plus élevé de la chaîne d'Aubrac, après le *Mailhebiau* (1 471

---

(1) Le 3 septembre 1884, pendant un orage d'une violence inouïe, un seul coup de tonnerre tua 480 moutons dans un parc de 1 700 têtes. (E. A. Martel *Les Cévennes*.)

mètres), qui se trouve à 12 k. 500 au
S.-E. L'altitude moyenne du canton est
de 1 280 mètres. Il confine au Nord à des
terrains marécageux, où se trouve la
source du ruisseau de Menepeyre ; ce
cours d'eau est tributaire de la Boralde
de la Poujade, affluent du Lot ; il for-
mait la limite nord du massif de Regambal avant l'attribution de 540 hectares de ce canton à la commune de
Condom dans les circonstances que nous
avons relatées plus haut. La partie mé-
ridionale du bois de Regambal est tra-
versée par le ruisseau de Canut, affluent
de la Boralde de la Poujade ; ce ruisseau prend sa source au pied de la *croix
des Trois-Evêques*. Placée au point de
rencontre des limites des trois départe-
ments de l'Aveyron, du Cantal et de la
Lozère, cette croix aurait été élevée,
dit-on, par les religieux d'Aubrac pour
perpétuer le souvenir d'un *plaid* ou
concile local tenu à cet endroit en 590,
sous la présidence des évêques de Clermont, de Javols et de Rodez. D'après
les récits de Grégoire de Tours, il s'a-
gissait de la mise en jugement d'une
femme nommée Tétradie, qui, mariée
à un seigneur d'Auvergne, brutal et dé-
bauché, l'avait abandonné pour se réfu-
gier auprès de Didier, comte de Toulouse (1).

Le peuplement se compose d'un taillis fureté de hêtre, mélangé d'alisier
blanc sur les sommets et d'aune dans
les parties basses, constitué par de mai-

---

(1) Greg. Tur. *Hist.* lib. VI, cap. 38.

gres cépées disséminées dans des clairières. On a essayé de repeupler les vides de la lisière sud à l'aide de plantations d'épicéa et de pin sylvestre. Le sapin et le mélèze nous paraîtraient mieux indiqués.

2° CANTONS DE L'ADRECH ET DE GANDILLOC. — L'Adrech (1) est situé à 1 100 m. d'altitude, partie en plateau, partie sur un versant à pente rapide ; il est traversé par la route d'Espalion à Nasbinals. Le peuplement est constitué par un taillis fureté de hêtre dont les cépées rabougries, courbées chaque année sous le poids de la neige et du givre, produisent un déplorable effet. Tout lamentable qu'il est, ce petit bois de 17 hectares est pendant la belle saison, le rendez-vous des promeneurs venus à Aubrac pour faire une cure d'air et de petit-lait et qui ne s'écartent guère du hameau.

A 200 mètres au-dessous de l'Adrech, Gandilloc étale sur un versant rapide aboutissant à la Boralde sa belle futaie de hêtres, âgés de 90 à 110 ans ; ce massif présente une admirable végétation et contraste singulièrement avec les misérables taillis furetés de Regambal et de l'Adrech. L'exposition est celle du midi, comme pour l'Adrech Au pied du versant, la Boralde de St-Chély, qui prend sa source dans les pâturages à 1 500 m de là, roule des flots écumants et forme deux charmantes cascades sur des seuils de basalte, avant de descendre dans la

_______________

(1) L'Adrech, mot patois, signifie *versant exposé au midi.*

pittoresque et profonde vallée de St-Chély (1) pour conduire ensuite ses eaux au Lot. Cette jolie rivière, *l'Ollis* des anciens (2), coule à 16 kil. au sud par 345 m. d'altitude, soit 755 mètres plus bas que Gandilloc.

3º GRAND BOIS D'AUBRAC. — Par son étendue et par la nature de ses peuplements, ce tènement est le plus important de toute la forêt. Il est assis sur deux plateaux de 1 300 et 1 388 m. d'altitude, sur les pentes du versant sud d'un petit affluent de la Boralde et sur les deux versants du thalweg où coule le ruisseau des Mousseaux, tributaire du Lot. Il convient de distinguer les parties grevées de droits d'usage de celles qui en sont exemptes.

Les premières occupent 1 019 hectares, au nord sur le versant escarpé du Travers du Moulin et sur le plateau des Ruscles, à l'est sur le haut plateau de Tournecoupe et sur les versants rapides qui le terminent. Ce sont des taillis de hêtres furetés, généralement clairiérés, rabougris, souvent dépérissants, ruinés par les abus de toute sorte qui y ont été exercés depuis plusieurs siècles. On trouve cependant dans Tournecoupe des peuplements assez complets et bien venants sur 200 hectares environ.

Les cantons non grevés de droits d'usage s'étendent sur le plateau de Mon-

---

(1) St-Chély, village de 1 590 habitants. On devrait écrire *Sanch Ely* (Saint-Eloi).

(2) Depuis sa source jusqu'à Entraygues, au confluent de la Truyère, le Lot a conservé son ancien nom *d'Olt*. On dit : *St-Laurent d'Olt, Ste-Eulalie d'Olt*, etc.

terbosc (1), situé entre les vallées de la
Boralde et le ruisseau des Mousseaux et
sur le versant ouest du thalweg de ce
dernier cours d'eau. Leur contenance est
de 594 hectares. Ils se divisent en deux
catégories bien distinctes tant au point
de vue de leur situation qu'au point de
vue des peuplements qu'ils renferment.

Sur le plateau (cantons de Monterbosc,
Plô del Devez (2), Travers de l'Amourié)
se trouvent 317 hectares traités en taillis
fureté, dont l'aspect n'est guère meilleur
que celui des cantons usagers, à raison
des déprédations qui y ont été commises.
Dans le vaste cirque formé par la vallée
du ruisseau des Mousseaux, au dessous
des bancs de rochers basaltiques de 30 m.
de hauteur à pic qui terminent brus-
quement le plateau, sont assis les cantons du Martinet (3), de la Verrière et
du Soutou, d'une contenance de 277 hectares. Ils sont peuplés d'une magnifique
futaie de hêtre de 100 à 140 ans, qui doit
sa belle végétation à la plus grande pro-
fondeur du sol et à l'abri que lui prêtent
contre les vents les hauteurs voisines.
Cette dernière partie de la forêt est réel-
lement belle et peut souffrir la comparaison avec les futaies de hêtre du centre
de la France, les Colettes par exemple.
D'un accès moins facile et entourée de
tous côtés par les cantons usagers ou re-

______________

(1) Monterbosc, *montée du bois.*

(2) Plô del Devez, *plateau de la réserve.* — Travers de
l'Amourié, *versant des framboises.*

(3) C'est dans le canton du Martinet que se trouve la
caverne que l'on considère comme le repaire des brigands qui avaient assailli Adalard à son premier passage à Aubrac en 1110.

gardés comme tels, elle a été préservée par sa situation contre les entreprises audacieuses des délinquants et les tendances envahissantes des usagers. Elle avait du reste été respectée plus particulièrement du temps des moines qui y avaient établi une verrerie et une forge à la catalane (1) dont on retrouve les vestiges.

4° CANTONS DES FOUILLOUX, FAVARÈDE ET TIRE-OREILLE. — Ces trois petits cantons sont situés à 4 kil. du Grand Bois d'Aubrac sur les pentes escarpées du versant E. de la vallée du ruisseau des Mousseaux et du versant O. d'un de ses affluents, à 700 mètres d'altitude moyenne. Le peuplement de Tire-Oreille est constitué par un taillis fureté de hêtre pur, celui de Favarède par un ancien taillis sous futaie également de hêtre pur. Aux Fouilloux, le chêne entre pour 3/10 dans la composition du peuplement ; ce canton, considéré comme exempt de droits d'usage jusqu'en 1857, présente une futaie de 80 ans, élancée, bien venante, encore riche en porte-graines de belles dimensions, dominant un taillis clair, assez bien venant.

Pour nous résumer, nous dirons que la forêt d'Aubrac renferme 454 hectares de futaie et 1 365 hectares de taillis fureté en assez mauvais état. La contenance totale des vides et clairières est de 560 hectares, soit 24 p. % de la surface de la forêt. La restauration des vi-

---

(1) On traitait dans cette forge les minerais de fer de Bozouls.

des compris dans les parties exemptes de droits d'usage pourra être tentée: ils s'étendent sur 26 hect. 50. Il ne faut pas songer au repeuplement du surplus des vides et clairières disséminés dans les cantons usagers, car le pâturage a infiniment plus de valeur pour les usagers que le bois (1).

*Traitement ancien.* — Il serait certainement fort intéressant de rechercher quel était le mode de traitement suivi anciennement par les religieux dans leurs forêts, notamment avant la promulgation de l'ordonnance de 1669. Malheureusement c'est chose à peu près impossible: les archives du couvent ont été dispersées ou brûlées en 1793 et celles des maîtrises ne renferment rien sur cette question. Un de nos plus distingués prédécesseurs, M. Mazières, dont les travaux sur les usages d'Aubrac témoignent d'une admirable persévérance autant que d'une profonde érudition, est parvenu à retrouver une partie de l'ordonnance rendue par le dom en 1512

---

(1) L'hectare de terrain gazonné se vend 900 à 1000 fr. Il faut environ un hectare de pâturages pour nourrir une vache pendant la saison d'été; elle donne pendant ce temps 450 litres de lait qui représentent 50 à 60 kilogr. de fromage valant 60 à 80 fr. Le prix moyen de *l'estive* (location du terrain pour la nourriture d'une bête à corne pendant l'été, soit du 25 mai au 13 octobre) est de 20 fr.

Dans les séries usagères, la forêt rend par hectare 9 stères et 300 fagots, représentant une valeur de 45 à 55 fr. Pour une révolution de 15 ans, le rendement en argent de l'hectare boisé est donc de 3 fr. à 3 fr. 50.

Cette comparaison entre le rendement de la forêt dans des parties ruinées, il est vrai, et celui de la culture pastorale explique la tendance malheureusement trop naturelle qu'ont les habitants de la région à transformer leurs bois en pâturages.

pour réglementer l'exploitation des bois de l'hôpital. Cette ordonnance, que nous analyserons plus loin, renfermait des règles de police relative à la délivrance des bois exploités par les *afforestés*, c'est-à-dire par les individus tenanciers du monastère ou établis en dehors de ses possessions qui avaient obtenu la permission de prendre du bois pour leur chauffage ou pour la confection d'outils aratoires. Le mode d'exploitation prescrit par l'ordonnance de 1512 n'est autre que le furetage ; il a été appliqué dans les forêts de l'hôpital jusqu'en 1792 et la tradition s'en est perpétuée jusqu'à nos jours.

En 1668, lors de la visite des commissaires réformateurs, les forêts d'Aubrac étaient traitées en haute futaie, mais dévastées par les délits et les peuplements abroutis sur plusieurs points ; les exploitations étaient disséminées sur toute leur étendue et faites sans aucun ordre. Le dom fut condamné, ainsi que les religieux « en 300 livres d'amende et restitution envers Sa Majesté » par jugement du grand maître de la généralité de Montauban, en date du 8 mai 1670. Le grand maître « faisant droit sur le règlement requis par le procureur du Roy » ordonne la division de toutes les forêts en deux ou trois « *triages* » (séries d'exploitation) et l'exploitation « en coupes de fustaye de l'âge de cent ans à raison de 65 arpents et demi par chaqu'an » avec obligation de se conformer à l'ordonnance d'août 1669 et de laisser en chacun arpent dix balliveaux

de l'aage du bois, sans qu'il soit loisible
auxdits deffendeurs, leurs métayers ou
fermiers, d'en faire aucune coupe que
lorsque les vantes seront establies par
une seconde fois aux mesmes endroits »
et de n'introduire les bestiaux que dans
les coupes qui auront été déclarées dé-
fensables. Le grand maitre ordonne en
outre qu'il soit procédé au bornage des
forêts dans un délai de trois mois et établi « deux, trois ou quatre gardes à la
conservation desdits bois qui feront
leurs rapports par devant les officiers
des deffendeurs s'ils en ont d'establis
par le gruier des eaux et forests, sinon
par devant les officiers de ladite mais-
trise pour y être pourvu en ainsy qu'il
appartiendra. »

Le procès-verbal de visite de M<sup>e</sup> Anceau, grand-maître des eaux et forêts à
Toulouse, venu à Aubrac en juillet 1714
pour trancher un différend survenu entre les religieux et les habitants de Marchastel, contient des indications pré-
cieuses sur l'état des forêts à cette époque. L'aménagement prescrit par le
jugement de la réformation n'avait pas
été éxécuté : les exploitations étaient
faites « par pieds d'arbres vaguement »
et les forêts n'avaient pas été abornées.
Questionné sur les motifs de ces in-
fractions, le prieur répondit qu'en raison de l'éloignement des villes de Rodez,
Mende et Saint-Flour et du mauvais
état des chemins, on n'avait trouvé aucun placement pour le bois de service,
qu'avec la quantité de bois nécessaire
aux religieux, aux malades, à l'entretien

des burons ou des habitations des bergers, des claies pour les parcs à bestiaux, ainsi que pour les besoins des usagers habitant dans le voisinage des forêts comme des autres « qui prétendent avoir droit dans les différents triages », il était impossible d'établir des coupes réglées, la consommation excédant de beaucoup les produits que l'on pourrait tirer de la coupe annuelle.

Les forêts étaient d'ailleurs encore plus dévastées que 46 ans auparavant. Les bois du Gévaudan, notamment, étaient ruinés et dégradés par les exploitations abusives des usagers ou des afforestés ; ceux-ci venaient couper les bois qui leur étaient nécessaires au fur et à mesure de leurs besoins ; l'exploitation étant faite souvent l'hiver, en temps de neige, les souches étaient coupées « à 3 ou 4 pieds sur terre » et même davantage et ne donnaient que des rejets « *imparfaits* », d'ailleurs vite abroutis par les bestiaux. Le grand-maître constate que ces abus paraissent remonter à 80 ou 100 ans.

Dans les forêts du Rouergue, les usagers ou « autres situés aux quatres coins desdits bois » s'adonnaient aux mêmes pratiques vicieuses. Le bornage n'ayant pas été fait, les riverains effectuaient de tous côtés aux dépens de la forêt des défrichements pour la culture du seigle Les fermiers du domaine se livraient à des exploitations abusives en vue de la fabrication du charbon : les bûcherons n'utilisaient que les branches des gros arbres, trouvant trop pénible de débiter les troncs qui venaient s'ajouter aux chablis et bois morts ou dépérissants dont la forêt était encombrée. De grandes quantités de bois étaient employées sans modération pour l'hôpital, pour les religieux qui faisaient nuit et jour du feu dans leurs chambres, pour le chauffage des fermiers et gens des domaines du bénéfice, pour la construction d'outils aratoires, etc. Enfin les religieux ne s'étaient pas conformés aux dispositions de l'ordonnance de 1669 prescrivant la constitution de Quarts en réserve. Cette prescription fut rappelée par l'arrêt du conseil du roi en date du 6 septembre 1715, qui ordonna en outre le partage du surplus de la forêt en coupes à tire et aire.

En dépit de ces dispositions impératives, les exploitations usagères continuèrent à s'exercer avec le même désordre et les mêmes habitudes vicieuses.

*Traitement actuel.* — Les efforts faits par les agents de l'Administration des Forêts pour limiter et réglementer les exploitations usagères conformément aux dispositions des articles 79 et 81 du Code forestier restèrent infructueux jusqu'en 1898.

Le décret du 15 octobre 1898, sanctionnant un projet d'aménagement dont les bases avaient été indiquées en 1893 par M. l'Administrateur Sédillot, a divisé les 1511 hectares grevés de droits d'usage en cinq séries de taillis fureté exploité à la révolution de 30 ans, partagée en 2 rotations de 15 ans ; chaque série comprend donc 15 coupes annuelles, dont les produits sont attribués exclusivement aux usagers.

Les cantons exempts de droits d'usage au bois ne sont pas aménagés. Depuis 1792, on discute sur les limites et l'emplacement exact de ces parties réservées. *Et adhuc sub judice lis est.*

On n'a donc pas pu procéder encore à un aménagement régulier. Cependant on exploite tous les ans 520 mc. dans les cantons de Gandilloc et de la Verrière sous forme de coupes de régénération et d'extraction, en exécution d'un décret du 29 septembre 1854; une coupe annuelle d'éclaircie et de nettoiement est en outre assise dans le canton du Martinet, sur 10 hectares environ, en vertu d'une décision du 19 mars 1869. C'est à cela que se borne l'aménagement. Et encore a-t-on suspendu les exploitations de 1860 à 1869 sous la menace des communes usagères qui prétendaient interdire à l'Etat toute exploitation dans la forêt.

Traitée dans ces conditions, la forêt d'Aubrac ne peut pas rapporter un revenu considérable à l'Etat. En effet la vente des coupes dans les cantons réservés donne annuellement 1230 francs environ, chiffre auquel il faut ajouter 200 francs de produits accessoires (chasse et indemnités diverses); le total des recettes s'élève donc à 1430 francs (1). L'Etat acquitte tous les ans la totalité des impôts qui en est de 1.173 francs

---

(1) Le rendement de la forêt tend à se relever depuis 1896.

et dépense environ 3.830 francs pour la surveillance de la forêt. D'autre part, les délivrances usagères peuvent être évaluées à 2860 francs pour les usages au bois et à 12.340 francs pour le pâturage.

La production en matière est annuellement de 1.449 m.c., dont 419 m.c. pour les parties non grevées de droits d'usage au bois et de 1.338 m. c. pour les séries usagères. La production annuelle moyenne est donc de 0 m. c. 609 par hectare.

Il n'existe pas de commerce de bois à Aubrac. Les hêtres, quelle que soit leur grosseur, sont débités en bois de feu, à l'exception de ceux employés pour la confection des barrières placées à l'entrée des héritages ou des claies servant à abriter les bestiaux contre les vents dans les pâturages. C'est ce qui explique le peu de valeur qu'atteignent les coupes mises en vente chaque année. Le prix du stère de bois de feu sur le parterre de la coupe est de 2 fr. 80 à 3 francs (1); les frais d'exploitation et de façon s'élèvent à 2 francs par stère.

Les 316 hectares de futaie compris dans les parties réservées renferment des hêtres de très belles dimensions, qui pourraient être utilisés comme bois de sabotage, bois de caisses ou débités en plateaux, traverses de chemins de fer, etc. Il est lamentable de voir tout ce bois d'œuvre vendu à vil prix pour ali-

---

(1) Le char de bois valait dans la région 5 sols en 1562 ; en 1740, il était payé 1 livre 5 sols.

menter les foyers des chaumières voisines. Mais le remède à une pareille situation est difficile à trouver ; l'industrie du sabotage n'existe pas dans cette région, la forêt est à 34 kil. de la station de chemin de fer la plus rapprochée, les transports sont difficiles et fort coûteux, enraison de l'état des chemins et de leur déclivité. La solution la plus rationnelle serait peut-être l'installation de scieries qui serait rendue facile par la présence de nombreux ruisseaux d'un débit assez important, ou la construction d'une usine pour la fabrication de produits chimiques extraits du bois par distillation, tels que le goudron, l'acide acétique, l'acide phénique, l'alcool méthylique, etc.

Cette dernière solution mériterait d'être étudiée, car elle présenterait l'avantage de donner des produits d'un poids relativement peu élevé, assez faciles à transporter sur des routes même accidentées (1), et les charbons qui constituent le résidu de la distillation, pourraient être vendus à des prix suffisamment rémunérateurs dans la région qui s'appauvrit de plus en plus en produits ligneux. Les cantons réservés sont peuplés d'essences dures, ayant cru en terrain mouvementé, sur un sol plutôt maigre, exploitées à un âge auquel le lignification des tissus est complète ;

---

(1) La construction du chemin de fer de Bertholéne à Espalion remédierait en partie à la difficulté des transports. Aubrac ne sera plus qu'à 26 kil. d'une voie ferrée et les chargements n'auront qu'à descendre pour atteindre la station.

ces bois donneraient donc le maximum de rendement dans la distillation et cette opération ne pourrait être désavantageuse (1). L'Etat ne saurait évidemment assurer la responsabilité de l'installation d'une usine à distiller le bois, mais il lui appartiendrait, à notre avis, d'encourager sur ce point l'initiative privée, afin de tirer parti des ressources considérables que présente la forêt.

Tant qu'on n'aura pas trouvé de débouchés pour la vente à des prix convenables des coupes assises dans les parties exemptes de droits d'usage, il sera évidemment inutile de chercher à augmenter le volume des exploitations. Les populations voisines de la forêt sont suffisamment approvisionnées en bois de chauffage qu'elles trouvent dans les séries usagères sans bourse délier (2) : elles n'ont pour ainsi dire pas de besoins en bois d'œuvre. Il est donc essentiel d'attirer sur les lieux des exploitants ou des industriels étrangers à la région qui puissent mettre en valeur les produits de la forêt et offrir au Trésor un prix moins dérisoire que celui qu'il retire actuellement de la vente des coupes.

Le massif d'Aubrac est d'ailleurs très

----

(1) D'après M. O. Petit, les bois de hêtre distillés en vase clos peuvent donner 35 à 43 0/0 de leur poids en acide pyroligneux brut suffisamment concentré pour que 1 kilogr. d'acide puisse saturer 100 gr. de carbonate de potasse. (O. Petit. *Des Emplois chimiques du bois dans les Arts et dans l'Industrie.* — Paris. 1888. librairie Baudry.)

(2) La commune de Saint-Chély est propriétaire d'une forêt de 22 hectares, elle n'y fait jamais de coupes, ce qui n'empêche pas les habitants de se plaindre de la rareté du bois.

mal desservi au point de vue de la traite des bois. En dehors des chemins d'intérêt commun de Laguiole à Marvejols et d'Espalion à Aubrac, qui sont en bon état de viabilité et à une certaine distance de l'ensemble de la forêt, on n'y trouve que des chemins en terrain naturel, assez mal tracés et impraticables pendant la majeure partie de l'année.

La voie romaine de Lyon à Bordeaux, connue dans le pays sous le nom de « *chemin de César* », traverse les cantons de Monterbosc et des Ruscles ; on en retrouve parfaitement les vestiges, depuis le pic appelé *Pendeliou* (1) (1301 m. d'alt.) jusqu'au hameau des Enfrux. Elle suit presque constamment la ligne de crête du plateau qui sépare la vallée de la Boralde de celle du ruisseau des Mousseaux ; les habitants des Enfrux la suivent pendant près de 4 kilomètres pour se rendre à Aubrac. D'après Boissonnade et le D<sup>r</sup> Prunières, la station d'*Ad Silanum* qui figure sur la carte de Peutinger se trouverait au Puech Cremat, à 1 kilomètre de la lisière N. du Grand Bois d'Aubrac. D'*Ad Silanum* la voie romaine se dirigeait au S. sur *Segodunum* (Rodez), au N. sur *Anderitum* (Javols), capitale des *Gabales* et *Condate* (Monistrol d'Allier).

La surveillance de la forêt est exercée par un brigadier sans triage et quatre gardes. Deux de ces derniers sont logés à la maison forestière des

---

(1) *Pendeliou*, légèrement en pente.

Rajals (1),construite en 1883 sur le périmètre S. du Grand Bois d'Aubrac. Un autre est logé avec le brigadier dans l'ancien bâtiment de l'hôpital au village même d'Aubrac; ce curieux édifice, qui date du XII° siècle, est en fort mauvais état. Il comprend au rez-de-chaussée une chambre à four, une cuisine ornée d'une belle cheminée en voûte, une vaste écurie (anciennement la salle destinée aux pèlerins), l'ancienne chapelle convertie également en écurie ; toutes ces salles sont voûtées et à peu près inhabitables en hiver. Au premier étage où conduit un magnifique escalier de pierre, trois petites chambres incommodes et mal distribuées constituent le logement des préposés ; la « *chambre des dames* », ainsi nommée parce qu'elle servait de dortoir aux dames nobles de l'hôpital qui donnaient leurs soins aux malades, est affectée aux agents en tournée ; cette pièce d'assez belles dimensions, avec une vaste cheminée, comporte deux alcôves où sont les couchettes destinées aux agents.

La rigueur du climat fait d'Aubrac une résidence peu enviée par les préposés des eaux et forêts. La neige se montre à la fin d'octobre ou dans le courant de novembre ; elle ne disparaît qu'à la fin de mai. Il n'est pas rare qu'elle atteigne en plein hiver la hauteur des fenêtres du premier étage.

---

(4) Rajals, en patois *fontaine où le gazon garde longtemps sa verdure.*

## III

## LES DROITS D'USAGE A AUBRAC

Les fiefs possédés par l'hôpital d'Aubrac relevaient de trois seigneurs : le comte de Rodez, en sa qualité de « *seigneur des Montagnes et des quatre chatellenies du Rouergue* », le marquis de Canillac, et le baron de Peyre ou de Marchastel. Les doms étaient tenus de rendre hommage à ces trois seigneurs ; c'est ainsi que, le 9 octobre 1404, le dom envoya un de ses religieux rendre hommage en son nom pour les biens qui relevaient de lui au connétable Bernard d'Armagnac, comte de Rodez, en son château de Gages. Toutefois le dom possédait la pleine souveraineté des terrains dits « *terroir de la gîte* « (1) qui entouraient le couvent dans un

_______________

(1) *Gîte*, auberge, hôtellerie.

rayon de 1 000 à 1 200 mètres (1). Cette enceinte a toujours été exempte de droits d'usage.

Pour les autres propriétés de l'hôpital, les doms ont passé à différentes époques, soit avec les seigneurs voisins, soit avec les habitants des paroisses environnantes, des transactions en vue de régler leurs droits respectifs et ceux de leurs vassaux relativement à la jouissance des terres, aux droits de dépaissance, lignerage, usage des eaux, etc. Nous avons déjà cité l'acte de 1276 intervenu entre le dom et le marquis de Canillac : cet acte n'était que le complément de transactions passées avec le même seigneur en 1241, 1246 et 1270.

Aux termes de la coutume féodale les vasseaux avaient droit sur les terres de leurs seigneurs *au bois mort et au mortbois* (2) *pour le chauffage, au bois pour outils aratoires, à la vaine pâture, aux passages accoutumés pour la vaine pâture et pour abreuver les bestiaux* ; ils avaient en outre la faculté de faire des *devèzes* (3) dans les vacants attenants aux

---

(1) Le dom avait droit de *haute* et *basse justice* dans ce périmètre : des piloris et fourches patibulaires avaient été élevés à proximité d'Aubrac vers 1368. On voyait encore leur emplacement en 1871.

(2) Par mort bois on entendait les brins traînants, rampants qui n'avaient pas d'avenir.

(3) Le mot *devèze* a le sens de *réserve*, *défense* (defensum, devois), s'applique à certains territoires pour y défendre la chasse, aux cours d'eau pour y défendre la pêche, aux prés, herbages et bois pour y défendre le pâturage des bestiaux, plus particulièrement les terrains que les seigneurs se réservaient par opposition au territoire de la seigneurie abandonné à la jouissance des tenanciers, V. Du Cange: — *Deves ut mox devezia, devezum, devezium, locus defensus.* — *Defensa dicitur ager, pratum, vel silva ubi aut pascua seu*

habitations. Le sieur de Canillac ayant donné en 1241 à l'hôpital quarante-quatre fiefs, presque tous situés en Gévaudan, et des droits d'usage sur les possessions qu'il avait conservées dans la même seigneurie, les actes rappelés ci-dessus avaient pour objet de permettre aux vassaux de l'hôpital de faire paitre leurs troupeaux dans les terres restées la propriété de ce seigneur, mais voisines et contiguës aux terres de la domerie, *in locis vicinis et contiguis*, d'y exercer leurs droits au bois, aux eaux comme dans les propriétés de l'hôpital ; par réciprocité, les vassaux du marquis jouissaient des mêmes droits sur les terres du monastère, sur les limites des domaines de leur maitre. Il était d'ailleurs spécifié que chacune des parties contractantes ne pourrait perdre la vente de ses herbes ou herbages et que leurs devèzes seraient réservées, *salvis tamen deveziis unius cujusque partis*. Ces actes ont servi de base aux revendications des communes, afin de se faire reconnaitre usagères au bois et au parcours dans les forêts appartenant jadis à l'hôpital.

L'acte de 1276. ainsi que les actes de 1266, 1300, 1331, 1384, 1392, 1521, 1564, 1675 et 1678, conclus avec les seigneurs de Saint-Chély, les chevaliers de Saint Jean de Jérusalem de Recoules, le baron de Marchastel, le sire de Belvezet, le ba-

---

animalia immittere aut aliud quidplam agere, quod iis noceat, non licet. Actuellement on désigne dans la région d'Aubrac sous le nom de *devèzes* les prés qui ne sont pas fauchés.

ron de Calmont d'Olt, le marquis de Canillac, délimitent les parties du domaine de l'hôpital soumises aux droits d'usage et celles qui en sont exemptes. Il résulte de l'examen de ces divers titres que les doms avaient autour d'Aubrac une étendue boisée d'au moins 3000 hectares complètement exempte de droits d'usage (1).

Dès 1410, les doms imaginèrent de délivrer des *afforestages*, moyennant redevance en blé ou en argent, aux habitants des paroisses voisines ne jouissant d'aucun droit d'usage. Ces afforestages consistaient dans la faculté de prendre du bois mort et des brins traînants, d'exploiter des bois pour la confection d'outils aratoires (araires, chars, tombereaux), des clôtures pour les parcs à bestiaux et des claies destinées à leur servir d'abris. C'étaient de véritables ventes, qui ne pouvaient conférer aucun titre à l'usage. Les afforestages ne s'exerçaient jamais dans les devèzes, comme l'établissent tous les titres, notamment ceux de 1410, 1524, etc.

L'acte du 20 août 1524, par lequel le dom André, ancien curé de Nasbinals, accordait à une quarantaine d'habitants de cette paroisse dénommés dans l'acte la permission d'aller prendre

---

(1) Les doms avaient toujours eu soin de se réserver la partie des forêts située à proximité de l'hôpital. L'acte du 14 octobre 1300, passé avec les chevaliers de Saint-Jean établis à Recoules, contient cette clause : « hoc salvo et retento quod in nemoribus *citra versus dictum hospitale dicta assignatio fieri non debeat, nec ad eam faciendam dictum hospitale teneatur, sed in aliis nemoribus minime existentibus in conspectu seu propè dictum hospitale* ».

dans les forêts de l'hôpital du bois pour leur chauffage, outils aratoires, claies et clôtures, n'était pas une concession de droits d'usage à une collectivité, mais une simple transaction *ut singuli* en vue de l'afforestage, dans laquelle sont déterminés les cantons de la forêt où les afforestés ne pourront venir faire leur provision de bois. Dans cet acte, le dom a bien soin d'enlever à cette concession tout caractère de privilège ou de servitude, en spécifiant « *que ni lui ni ses successeurs ne seront privés en aucune manière d'afforester qui ils voudront ni de prendre les bois qui bons lui sembleront être dans lesdits bois dans lesquels il a donné lesdites facultés.* »

Les afforestages concédés par les doms se divisaient en deux catégories :

1° Afforestages *à cens*, consentis au profit des tenanciers des domaines de l'hôpital : le montant de la redevance était ajouté aux censives. Tels étaient ceux accordés aux habitants de Nasbinals, à trois villages de la paroisse de Recoules et à divers particuliers de cette même paroisse. Leur nombre était d'environ 70 en 1763.

2° Afforestages *éventuels* ou *de gré à gré* consentis pour un an seulement, les uns au profit des tenanciers d'Aubrac dans les paroisses de Prades et de Saint-Chély, les autres au profit des étrangers ou « *non subjects* », comme ceux accordés à divers habitants de Marchastel, Saint-Urcize, Grandvals et Viala, Recoules.

Les afforestages étaient toujours consentis sous la condition de paiement d'une redevance, fixe pour les afforestés à cens, variable pour ceux de la 2º catégorie. La valeur des redevances exigées en 1763 était :

1º Pour les afforestages à cens :

Nasbinals et 3 villages de Recoules, 3 sols par feu, à l'exception des prêtres qui payaient 18 deniers seulement.

Particuliers de Recoules, 1 quarte de seigle (17 litres) de la valeur de 10 sols en 1410, — d'une livre en 1590, — 2 quartes de seigle en 1678.

2º Pour les afforestages éventuels :

a) Redevances fixes (*tenanciers d'Aubrac*).

Prades, Saint-Chély, 2 livres par paire de bœufs allant au bois.

Saint-Urcize, 1 livre 10 sols par paire de bœufs allant au bois, 7 sols et demi pour la faculté d'en acheter aux afforestés (redevance spéciale à ceux qui n'avaient pas d'animaux).

*Fourniers* (boulangers) : 4 livres.

*Hôtes* (aubergistes) tenant bœufs : 3 livres. — Hôtes n'ayant pas de bœufs pour la faculté d'en acheter aux afforestés : 15 sols.

b) Redevances non réduites (*non subjects*).

30 sols par paire de bœufs allant en forêt, 7 sols par bête de somme en 1512, 6 livres par paire de bœufs et 3 livres par paire de vaches en 1763 (1).

___

(1) I'  rait utile, pour montrer quelle était au juste

La concession des afforestages eut pour conséquence l'introduction d'un grand nombre d'exploitants dans les forêts de l'hôpital. Afin de réprimer les abus qui se produisaient et de remédier aux habitudes dévastatrices qui s'étaient perpétuées à la suite de la guerre de Cent ans et des guerres de Charles VII contre la maison d'Armagnac, Antoine d'Estaing, dom d'Aubrac et évêque d'Angoulême, avait pris soin d'édicter une ordonnance en 26 articles réglementant les exploitations des afforestés. Cette ordonnance « *faicte pour l'année 1512 et autres années suivantes, jusques à ce que par d'autres ordonnances il aura été pourvu aux abus qui se commettent dans le bois d'Aubrac* » est visée dans tous les actes postérieurs et notamment dans le procès-verbal de visite de 1714 ; elle a été appliquée en

---

la valeur des droits conférés aux afforestés, de donner ici la formule du billet d'afforestage :

« *Nous etc... permettons d....... avec sa paire de bœufs (ou vaches) prendre du bois mort ou mort-bois dans les quartiers de la forêt d'Aubrac assignés à sa communauté et ce jusques à la Saint-Martin prochain, passé lequel terme la présente permission sera de nulle valeur, en suivant les usages et facultés de ladite communauté, en se conformant aux arrêts du conseil et ordonnances des eaux et forêts, en ne prenant que du bois mort ou du mort-bois, sous la réserve que pour les bois nécessaires pour les outils aratoires, ils appelleront un ou deux gardes pour être présents à la coupe d'icelui, sous la réserve encore qu'ils emporteront les branches et cimades des arbres qu'ils auront coupés.* »

Cette formule était employée pour les afforestés à cens et tenanciers du domaine d'Aubrac ; pour les étrangers non tenanciers, on supprimait les mots « *en suivant les usages et facultés de ladite communauté.* »

Il est superflu de faire ressortir l'analyse du billet d'afforestage avec le permis d'exploiter ou le permis d'extraction de menus produits en usage actuellement. Il y a loin de là à un titre à l'usage !

fait jusqu'en 1792. Ses dispositions principales étaient les suivantes :

1° L'afforesté ne pouvait prendre que des bois de 2 palmes (0 m. 50) de tour au moins.

2° Il ne pouvait, du 15 avril au 15 septembre enlever aucune traînée de bois qui ne fut sec (1).

3° Il devait emporter tous les branchages et les cimades des bois abattus par lui.

4° Les bois destinés à la confection des outils aratoires devaient être marqués par les gardes.

5° Il devait se comporter en bon père de famille. De cette clause découlait la prohibition de ne couper aucun brin de semence ni aucun rejet unique sur la souche.

L'ordonnance énumérait en outre les étrangers aux possessions de l'hôpital qui pouvaient prendre part aux délivrances, réglait la consistance de celles-ci qui étaient limitées aux perches et lattes sèches et fixait la redevance (2).

---

(1) Les bois étant toujours enlevés au fur et à mesure de l'abatage, cette prescription équivalait à la prohibition de couper les bois en été.

(2) Nous croyons intéressant de donner la teneur du premier article de cette ordonnance :

« Et premièrement que, aucun soit-il notre subject ou aultre, ne soit si hardy ni présomptueux de prendre aulcun arbre ni bois ni sec ni vert que auparavant il ne soit afforesté et d'accord avec celui à qui sera donné la charge des bois d'Aubrac, sous peine d'une amende de cinq livres pour la première fois. »

Le premier et le vingt-sixième article de l'ordonnance de 1512 ont été retrouvés par M. Mazières, en tête d'un cahier d'afforestage datant de la dernière moitié du XVII° siècle. C'est tout ce qui reste de ce document qui fut, suivant l'expression de notre savant prédécesseur, « le Code forestier d'Aubrac. »

En dépit des sages prescriptions de François d'Estaing, le résultat de ces concessions multiples fut la ruine des forêts de l'hôpital. Bien que les afforestés ne dussent enlever leurs bois que dans les limites du cantonnement affecté à la communauté dont ils faisaient partie, des exploitations furent établies sur tous les points et faites en toute saison. Les religieux, simples usagers dans les forêts qui faisaient partie du lot attribué au dom par le partage de 1467, ne se firent pas faute d'augmenter le nombre des afforestages au delà de la possibilité, afin de tirer le plus de revenu possible des propriétés dont ils avaient la jouissance. On a pu voir les déplorables effets de cette mauvaise administration par l'analyse que nous avons faite du procès-verbal de la réformation de 1670 (1) et du procès-verbal de visite de 1714.

Tel était l'état des usagers dans les forêts d'Aubrac, lorsque survinrent les événements de 1792, qui entraînèrent la suppression du couvent et la réunion de ses propriétés aux biens de la nation. Les habitants des communes voisines jouissent alors en maîtres de ces forêts. Saint-Chély s'arroge la propriété de la plus grande partie et excite par ses exigences les plaintes des autres communes intéressées. Le représentant du peuple Châteauneuf-Randon, en

---

(1) Il est à remarquer que le procès-verbal de la réformation ne fait pas mention de droits d'usage à Aubrac; il parle seulement des exploitations faites par « les fermiers du dom ».

mission dans le département de la Lozère, dut le 22 frimaire an II prendre un arrêté pour inviter les communes à vivre en bonne intelligence et particulièrement pour obliger Saint-Chély à admettre à l'usage la commune de Nasbinals, qu'il autorise à poursuivre par les voies légales la reconnaissance de ses droits.

En l'an VI, l'Administration centrale du département de l'Aveyron ordonne que les redevances seront perçues. Un arrêté du ministre des finances du 22 messidor an VII admet les habitants de Saint-Urcize ( Cantal) à continuer l'exercice de leurs droits à condition de payer les redevances arriérées et celles en cours. Le paiement des redevances excitait les réclamations incessantes des communes qui désiraient y voir substituer un abonnement fixe par commune et finirent par ne plus rien payer du tout (1). Pendant cette période, tous les prétendus usagers exercent leurs droits de la même façon, sans avoir égard aux distinctions établies avant 1792.

Cependant les communes furent invitées à produire leurs titres en exécution des lois de ventôse an XI et an XII. Les conseils de Préfecture, chargés d'examiner les titres, écartèrent les prétentions de la plupart des afforestés éventuels et celles de la commune de Prades, qui se basait sur l'acte de 1521 : ils admirent

---

(1) En 1822 le montant des rôles des redevances à recouvrer s'élevait à 16 665 f. 85 pour les années 1819 a 1822 ; on n'avait pu recouvrer que 4 958 fr. 85. A partir de 1823 les rôles ne sont même plus dressés.

les réclamations des communes de Condom, Saint-Chély, Recoules, Nasbinals et Saint-Urcize qui s'appuyaient sur les titres de 1276, 1524, 1610 et 1675.

Des commissions sont réunies en 1800 et 1818 pour examiner les questions soulevées par des communes relativement au paiement des redevances, régulariser l'exercice des droits d'usage, déterminer la possibilité des forêts en bois et en pâturage. La commission, réunie à Laguiole en 1818, termina son travail le 24 août « *veille de la fête de saint Louis et du règne de Louis XVIII le 24e* »! Elle proposa d'admettre comme usagères les communes évincées par les Conseils de Préfecture, de maintenir le mode actuel d'exercice des droits d'usage et le paiement des redevances *ut singuli*, de soumettre aux usages les Quarts en réserve qui en avaient été exemptés jusqu'ici.

En exécution de l'art. 61 du Code forestier, les communes reconnues usagères par les Conseils de Préfecture, furent invitées à faire homologuer les arrêtés des Conseils par le Gouvernement, celles dont les prétentions n'avaient pas été admises à produire leurs titres.

Le 2 novembre 1834, une nouvelle commission fut réunie à Laguiole pour amener une entente entre l'Administration des forêts et les communes. Celles-ci déclarent les redevances *entachées de féodalité* et éteintes par la prescription, réclament l'abandon complet des forêts à leur profit, se refusent d'ailleurs à nommer des entrepreneurs responsables et à accepter l'assiette de coupes limitées à la possibilité. Les usagers réclament la délivrance dans les devèzes de 12 600 stères de bois pour la confection d'outils aratoires et de clôtures (1).

L'ère des négociations était close, celle des instances judiciaires allait commencer.

Une décision ministérielle du 30 juin 1838 prescrivit de renoncer à toute tentative de conciliation avec les communes et de recourir aux tribunaux pour traiter la reconnaissance des droits d'usage. Toutefois les décisions ministérielles des 7 avril 1832, 16 octobre 1840 et 19 janvier 1843 approuvent les arrêtés du Conseil de préfecture reconnaissant les communes de Nasbinals Recoules (pie), Grandval et Viala, Saint-Chély fondées dans leurs prétentions ; les trois premières communes voyaient leurs *afforestages* convertis en droits d'usage ; pour Saint-Chély on admettait que les titres invoqués s'appliquaient aux forêts d'Aubrac, alors qu'il n'en était rien (2).

D'autre part des jugements du tribunal d'Espalion en date des 25 mars

---

(1) En 1810 on avait demandé pour chaque usager propriétaire d'une paire de bœufs le bois nécessaire pour la construction d'une charrue tous les deux ans et pour la construction d'un char tous les trois ans.

(2) Les titres de 1266 et 1392 excluent au contraire les habitants de Saint-Chély de tous droits d'usage sur les forêts d'Aubrac, puisqu'ils limitent l'exercice de leurs droits à un périmètre situé complètement en dehors desdites forêts. En réalité Saint-Chély exerçait ses usages dans le bois de Roquebasse, devenu la forêt communale.

1834, 2 mars 1837, 11 décembre 1843 et 4 mars 1845 reconnaissent les droits des communes de Saint-Urcize, Marchastel, Malbouzon et Recoules (p^le). En vertu de ces décisions judiciaires des *afforestés éventuels* sont reconnus usagers et de simples billets d'afforestage assimilés à des titres constitutifs de droits d'usage. Tous ces jugements furent acceptés par le Gouvernement, à l'exception de celui rendu en faveur de la commune de Recoules pour lequel on interjeta appel ; le jugement de première instance fut maintenu par arrêt de la Cour de Montpellier du 16 mars 1846.

Enfin la commune de Prades, également dans la catégorie des afforestés de gré à gré, est confirmée dans ses prétentions par jugements du tribunal d'Espalion des 5 mai 1841 et 11 janvier 1844 et par un arrêt de la Cour du 5 août 1845.

Examinons le chemin parcouru depuis 1714. A cette époque toutes les forêts de la domerie étaient en futaie : Nasbinals et Recoules (p^le) avaient des afforestages à cens, s'exerçant moyennant redevance ; Saint-Chély, Malbouzon, Marchastel, Saint-Urcize, Grandval-et-Viala, Recoules (p^le) n'avaient que des afforestages éventuels, essentiellement révocables, s'exerçant moyennant redevance ; aucune de ces communes n'avait de droits de pâturage. Seuls quatre villages de la commune de Prades avaient droit aux usages féodaux, au bois, aux outils aratoires, au pâturage, à la faînée dans le canton de Tournecoupe et trois autres villages de la même commune étaient simplement afforestés de gré à gré. Les droits ou plutôt les|permissions concédées variaient suivant la communauté à laquelle appartenait l'usager toujours tenu d'acquitter une redevance. *Il n'y avait en réalité aucun droit d'usage,* ceux concédés à Saint-Chély s'exerçant en dehors du périmètre des forêts actuelles ; dans tous les cas, les *Devèzes* de l'hôpital étaient exempts de tout droit d'usage et de toute afforestation.

En 1846, la futaie a fait place au taillis furcté sur les 4/5 de la surface. En vertu de décisions administratives ou judiciaires, 8 communes sont reconnues usagères au bois de chauffage et pour la construction d'outils aratoires sur toute l'étendue des forêts d'Aubrac ; en outre la commune de Saint-Chély est admise à exercer des droits de dépaissance dans toute l'étendue, celle de Prades dans le canton de Tournecoupe seulement. L'Etat a renoncé à exiger le paiement des redevances imposées avant 1792 et dont le principe avait été maintenu jusqu'en 1834 (1). Enfin la contenance de la forêt est diminuée de 540 hectares par suite de l'attribution à une commune de la propriété de cette surface sur laquelle elle n'avait que des droits d'usage (2). Telles ont été les con-

---

(1) Le montant des redevances s'élevait à 3.670 fr. en 1812.

(2) Le jugement du tribunal d'Espalion au sujet de la partie de la forêt revendiquée par la commune de Condom a eu pour cause l'inaction ou le mauvais

séquences des concessions successives et de la politique de conciliation suivie par les différents gouvernements qui ont eu à s'occuper de l'affaire. Si l'on peut blâmer la faiblesse de la résistance, on doit aussi déplorer que la question des droits d'usage par elle-même assez compliquée ait été embrouillée comme à plaisir par les représentants des usagers et si mal comprise par les juridictions appelées à se prononcer.

Mais poursuivons l'historique des revendications des communes contre l'Etat. En 1855 l'Administration des Forêts décida de mettre des coupes en vente dans le canton de Gandilloc, considéré jusqu'alors comme exempt de droits d'usage et dans lequel les usagers n'avaient pas encore pénétré. Les communes de Prades et de Saint-Chély, assez mal inspirées, firent opposition à la vente des coupes, soutenant que leurs droits s'étendaient sur la forêt tout entière. Le résultat de cette procédure fut la désignation par le tribunal d'Espalion, d'experts dont la mission était de procéder à l'adaptation des titres produits par les deux communes et de déterminer les Devèzes, exceptées de la jouissance dans l'acte intervenu en 1270 entre le marquis de Canillac et le dom.

Les experts s'appuient sur l'acte de 1524 portant déclaration d'afforestage

---

en faveur des habitants de Nasbinals, qui, par parenthèses, n'avait rien à voir dans la question, mais qu'ils ont considéré comme applicable à tous les usagers, et déterminent une surface de 868 hectares (cantons du Martinet, la Verrière, le Soutou, le Plô del Devez, Monterbosc, Travers de l'Amourié, Regambal partie) qu'ils regardent comme représentant les anciennes *Devèzes* de l'hôpital. Le rapport des experts ayant été homologué par le tribunal, appel est interjeté par les communes et la Cour de Montpellier, par arrêt du 12 mars 1866, confirme le jugement, mais admet dans un de ses considérants en faveur de la commune de Saint-Chély « *des droits de dépaissance sur toute l'étendue des forêts de l'ancienne domerie d'Aubrac et des droits d'usage au bois sur toutes lesdites forêts à l'exception des Devèzes représentées aujourd'hui par les quarts en réserve dont les produits en bois appartiennent exclusivement à l'État.* » Par un autre arrêt en date du 30 juillet 1866, la Cour reconnaît à la commune de Prades des droits d'usage sur le Grand Bois d'Aubrac, à l'exception des *Devèzes* telles qu'elles sont déterminées par le rapport des experts.

En vertu de ces arrêts, les parties exemptes de droits d'usage comprenaient donc 868 hectares de *Devèzes*, les unes dites réserves *traditionnelles*, dans lesquelles les usagers n'avaient pas encore pénétré, les autres dites réserves *juridiques* (Monterbosc et Regambal partie), abandonnées depuis longtemps aux usagers. Il eut été essentiel pour l'Etat de prendre immédiatement possession des réserves juridiques qui représentaient 23 p. 0/0 de la contenance attribuée jusque-là aux usagers.

L'administration des Forêts décida, en effet, de faire délimiter les réserves et de faire étudier un projet de cantonnement. M. le sous-inspecteur Sédillot, depuis administrateur et vérificateur général, lève le plan de la forêt en entier, rétablit la délimitation effectuée en 1835 et ouvre la ligne de démarcation indiquée par les experts comme la limite septentrionale du canton de Monterbosc. Malheureusement le service local n'appliqua pas de suite les indications de ce travail considérable, mené à bien malgré les difficultés de toute sorte qu'il présentait ; pour ne pas provoquer l'irritation des usagers, on crut devoir adopter une attitude effacée et considérer comme affranchies de droits d'usage seulement les réserves traditionnelles, paraissant renoncer ainsi au bénéfice que constituaient pour l'Etat les arrêts de la Cour de Montpellier.

Cette tactique était déplorable. En 1874 cependant on se décida à entendre les protestations énergiques de M. l'inspecteur Mazières et on interdit l'entrée des bestiaux dans les réserves juridiques. C'était trop tard ! La commune de Saint-Chély, arguant d'une possession plus qu'annale, introduit une action en complainte devant le juge de paix ; celui-ci rend un jugement favorable à ses prétentions, d'ailleurs confirmé par le tribunal d'Espalion.

Sur ces entrefaites le bornage de la forêt est poursuivi, d'après les délimitations de 1835 et 1868, malgré l'opposition de la commune de Saint-Chély et l'Etat introduisant une action au pétitoire assigne la commune pour voir déclarer affranchis de tout droit d'usage les réserves juridiques et traditionnelles. Le tribunal d'Espalion renvoie l'Etat devant la Cour d'appel pour interprétation de l'arrêt de 1866, les considérants de celui-ci paraissant en contradiction avec les termes du dispositif.

La Cour statue le 1er février 1886 et déclare « *que l'arrêt du 12 mars 1866 a reconnu et jugé que la commune de Saint-Chély a des droits de pâturage sur la totalité des forêts dépendant de l'ancienne domerie d'Aubrac et des droits d'usage au bois sur toutes les forêts, à l'exception des Devèzes qui sont représentées aujourd'hui par les quarts en réserve, dont les produits en bois appartiennent exclusivement à l'Etat, et qui sont figurées sur le plan des experts.* »

L'interprétation de la Cour n'était pas favorable à l'Etat, qui perdait tout espoir de ne pas voir les droits d'usage au parcours s'étendre sur toute l'étendue de la forêt. Au point de vue de la fixation des limites des réserves, on n'était pas plus avancé qu'en 1866. La commune de Saint-Chély n'admettait pas d'ailleurs que l'arrêt fut exécutoire ; à son sens, il ne pouvait que servir de base au jugement à attendre du tribunal d'Espalion (1).

Pendant toute cette procédure, les usagers continuaient, malgré les efforts du service local, leur détestable système d'exploitation : il n'y avait aucune délivrance de coupes ni aucun entrepreneur responsable. Ils pénétraient dans la forêt, sans aucun contrôle, du 15 septembre au 15 avril, enlevant du bois à discrétion et pour tel usage qui leur convenait : tout au plus admettaient-ils pour l'Administration le droit de faire observer les règles traditionnelles de l'ordonnance de 1512, notamment de respecter les brins de semence et de n'abattre dans chaque cépée que les brins de 0 m. 30 de tour et au-dessus, en laissant sur pied 2 brins sur 5 ou sur deux. Malheureusement le minimum de 0 m. 30 de circonférence adopté pour les tiges à abattre était rarement observé et les usagers ne se faisaient pas faute d'exploiter 2 brins dans une cépée sur laquelle on en avait laissé 3 précédemment ; tous les brins

---

(1) Sans doute les résultats obtenus après dix-sept ans d'inaction n'étaient pas heureux, mais pouvait-on faire mieux en présence de l'obstination des prétendus usagers et de l'accueil favorable fait à leurs premières prétentions par les autorités administratives et judiciaires en 1811, 1840, 1843 et 1846 ? Il est permis d'en douter. Les tergiversations du Gouvernement, ses hésitations, sa condescendance pendant la période de conciliation de 1800 à 1838 avaient compromis gravement la cause de l'Etat et permis aux communes de profiter de la situation rendue plus obscure à mesure qu'on s'éloignait du point initial des litiges. Aussi était-il prudent de renoncer à demander davantage et de compter comme bénéfice acquis de la lutte *les produits ligneux sur toute l'étendue des Devèzes.*

existants sur les cépées étaient fréquemment abattus sans merci, ainsi que les
brins de franc pied. Les usagers ne se
donnaient pas la peine d'enlever les
branchages qui restaient abandonnés
sur le terrain et fournissaient aux riverains un prétexte d'entrer en forêt toute
l'année et des facilités pour y commet-
tre des délits. Les conséquences de ces
déplorables habitudes d'insouciance
et de gaspillage effréné se traduisaient
par l'augmentation de la surface occu-
pée par les vides et clairières, l'affai-
blissement de la densité du peuplement,
le développement de l'alisier blanc au
détriment du hêtre et enfin par la diminution du matériel sur pied. La ruine
de la forêt était imminente.

M. l'Administrateur Sédillot, en tournée de vérification à Aubrac en 1893,
ému par l'état de dévastation dans lequel il trouva la forêt, prescrivit d'ap-
pliquer strictement dans les parties
usagères les règlements de l'ordonnance
de 1512 et de procéder à l'aménagement
des cantons grevés de droits d'usage, de
façon à renfermer les usagers dans l'enceinte de coupes annuelles, exploitées
par les soins d'entrepreneurs responsables, en attendant que le cantonnement
puisse être imposé. Ces sages prescriptions, inspirées par une étude sérieuse
de la forêt et par une appréciation fort
exacte des hommes et des choses ont
été exécutées. *L'aménagement des cantons usagers*, réglé par décret du 15 octobre 1898, *prescrit de n'exploiter sur
chaque souche que la moitié des bois qui*

*la composent, en les prenant parmi les plus vieux, sans trop se préoccuper de leurs dimensions et de respecter tous les brins isolés ainsi que les brins traînants.*

Les règles ci-dessus s'expliquent d'elles-mêmes sans qu'il soit besoin d'insister. Il était difficile de fixer une dimension au-dessous de laquelle devaient porter les exploitations, sans s'exposer à ne pouvoir satisfaire les besoins des usagers et exciter leurs réclamations, en raison de la diminution du matériel existant ; par suite des différences d'altitude et de fertilité du sol dans l'étendue de chaque série, le développement des tiges en diamètre ne se fait pas partout d'une manière uniforme. On obtiendra un peuplement plus régulièrement distribué et plus homogène, en exploitant seulement une partie des tiges existantes sans avoir égard à leurs dimensions. Les brins isolés étant maintenus sur pied serviront de porte-graines et pourront d'ailleurs être utilisés pour la confection d'outils aratoires, après exécution des formalités prescrites par l'art. 79 du Code forestier. Le maintien des brins traînants aura pour effet de conserver l'activité de la sève dans les souches et de fournir par le marcottage un recrû précieux pour la perpétuation du taillis.

En même temps que le service local préparait le projet d'aménagement des séries usagères, l'Etat introduisait devant le tribunal d'Espalion une action en bornage contre la commune de Saint-Chély pour obtenir la fixation contradictoire des quartiers de réserve, tels que les avaient définis les experts dans leur rapport de 1864 et dans lesquels la commune n'a aucun droit d'usage au bois aux termes des arrêts de la Cour de Montpellier de 1866 et 1886. Cette instance n'étant pas encore terminée, nous ne dirons rien des péripéties de la procédure qui semble marcher bien lentement au gré des agents forestiers soucieux de voir enfin se terminer ce litige pendant depuis près de cent ans.

La contenance et l'emplacement des *Devèzes* ou réserves exemptes de droits d'usage étant fixés définitivement, on pourra s'occuper de leur aménagement et de leur exploitation dans les conditions les plus avantageuses pour l'Etat. Nous avons fait ressortir plus haut combien la question était délicate, en raison de l'éloignement des centres de consommation, de la difficulté des transports, du prix notablement élevé de la main d'œuvre et de l'absence totale d'industrie forestière et de commerce de bois dans la région.

Avant de terminer cette étude, qu'il nous soit permis de rendre hommage aux efforts constants de nos distingués prédécesseurs pour conserver intacts les droits de l'Etat sur son domaine et particulièrement à la science et à l'indomptable ténacité de M. Mazières, qui, le premier et mieux que personne, a su débrouiller l'inextricable écheveau de ce procès, découvrir, classer et analyser les titres établissant la valeur réelle des prétendus droits d'usage et déjouer avec une remarquable sagacité les projets de nos adversaires. On peut se demander ce qu'il serait advenu si les usagers, ayant poursuivi en toute liberté leurs pratiques désastreuses, l'Etat en était arrivé à ne plus pouvoir, en raison de l'état de ruine des peuplements, leur servir les usages auxquels ils ont droit. Lorsque les ressources des cantons usagers auraient été épuisées par leurs exploitations abusives, ils auraient certainement demandé et obtenu de pénétrer dans les Devèzes, comme ils avaient demandé en 1714 de passer des cantons du Gévaudan ruinés par leurs cognées et la dent de leurs bestiaux dans les forêts du Rouergue restées en meilleur état. L'Etat a donc le devoir de préserver la forêt d'Aubrac contre les dévastations des usagers, dans l'intérêt même de ceux-ci. En raison de la rigueur du climat qui fait du bois une matière de première nécessité dans cette région, la destruction d'une partie quelconque de la forêt entraînerait fatalement la misère et peut-être l'émigration en masse des populations voisines.

# IV

## LES PATURAGES D'AUBRAC
## ET LA CULTURE PASTORALE

Le plateau d'Aubrac est divisé en 350 pâturages environ appelés « *montagnes* » où viennent estiver pendant la belle saison plus de 40 000 bêtes à cornes de l'Aveyron, du Cantal et de la Lozère.

L'usage de conduire les troupeaux sur les montagnes d'Aubrac remonte au temps les plus anciens. Aux termes des coutumes, usages, libertés et franchises de la ville de Saint-Geniez (Aveyron), confirmés le 21 novembre 1 345 par Pierre de Bourbon, comte de Clermont, « les habitants du Quercy, qui conduisent leurs vaches ou brebis aux montagnes d'Aubrac, s'ils ne font que passer à Saint-Geniez ne payent rien ; s'ils sont obligés d'y coucher, ils payent cinq sols rodanais par troupeau. » Des lettres de Louis XII concédant au dom d'Aubrac la permission d'ériger des piloris, fourches patibulaires et autres signes de justice, données à Valence le 21 juillet 1511, constatent que « en temps d'esté sont amenés ez dites montaignes plusieurs grandes quantités de bestail par plusieurs bergiers de plusieurs et divers païs qui y séjournent jour et nuit (1). »

Les troupeaux séjournent sur la montagne du 25 mai au 13 octobre.

« Le 25 mai, par n'importe quel temps, dit M. Marre dans une très intéressante brochure sur la race d'Aubrac, les troupeaux d'élevage partent par la montagne où ils passent l'été. Le spectacle d'une *vacherie* cheminant lentement vers les pâturages d'été est chose curieuse. Les vaches ornées de grosses clochettes, de plumets et de drapeaux, accompagnées de taureaux reproducteurs, à raison de cinq environ par cent vaches, marchent pêle-mêle sous la conduite du *cantalès* (maître-vacher) et de ses aides. Les veaux guidés par une ou deux vaches se mettent généralement en marche quelques heures avant le départ de la vacherie.

» Une *jardinière* portant la provision de lard, de sel et autres accessoires nécessaires à la nourriture et à l'entretien des gardiens ferme la marche. Ce véhicule sert aussi parfois, de voiture d'ambulance ; on y met les jeunes veaux

-----

(1) Dellour, loc. cit. p. 235, 114.

qui, trop éprouvés par la route, ne peuvent plus marcher. »

L'étendue des *montagnes* qui appartiennent toutes à des propriétaires différents et sont généralement closes par de petits murs formés de blocs de granite ou de basalte, varie de 20 a 200 et 300 hectares. Au milieu de chacune d'elles, on trouve le *mazuc*, cabane en pierres sèches qui l'été sert d'abri au berger, et le *buron*, construction un peu moins primitive, composée d'un rez-de-chaussée et d'un grenier, et qui sert à la fabrication du fromage. Le grenier contient le lit des *buronniers* et le foin destiné aux veaux. Au rez-de-chaussée se trouve une pièce où se fait le fromage et qui renferme les ustensiles nécessaires à cette industrie spéciale : *farrats*, *gerles* (récipients en bois destinés à recevoir le lait après la traite), *faisselles*, où l'on fait égoutter le caillé, *selles*, où le caillé est pressé avec les mains et avec les genoux, *moules* et *presses à fromage* (1) etc.; à côté la cave servant à la maturation du fromage et l'écurie où sont logés les porcs qu'on engraisse avec le petit-lait.

Les jeunes veaux sont séparés de leurs mères, dès leur arrivée sur la montagne. Ils sont enfermés la nuit dans des parcs fermés de claies mobiles; le jour ils paissent sous la garde du *bédelier*, tandis que les vaches font le

---

(1) Ceux de nos lecteurs qui voudraient des détails plus complets sur la fabrication du fromage et les ustensiles employés n'auront qu'à consulter la brochure de M. Marre.

tour de la montagne en suivant une sorte de piste circulaire sous la surveillance du *pastré*.

« Cette grande palissade que l'on aperçoit de loin nous désigne un parc à veaux qu'il faut abriter de la bise, de la terrible *cantalèso* car tout couche ici en plein air pendant l'été. Nous sommes au matin. Le berger que l'on nomme ordinairement *cantalès* appelle par leur nom avec un accent spécial (1), les vaches une par une pour les traire. Généralement elles accourent vite. On leur livre leur veau ; mais plus rapidement que le jeune animal, le *cantalès* retire le lait à la vache. Pour aller plus vite, beaucoup de ces hommes ont attaché une petite sellette ou pied en bois à la partie postérieure de leur pantalon. Ils s'assoient dessus pour traire commodément le lait et ne pas perdre de temps (2). »

On trait les vaches deux fois par jour le matin à l'ombre, le soir à 3 ou 4 heures. Pendant la traite le veau est attaché par le cou à la jambe antérieure gauche de la vache ; il est ensuite détaché et cherche à avaler le lait qui reste

---

(1) Ces noms se rapportent généralement à une nuance particulière du pelage (*rousso, bloundo, dourado, ourangé*, etc.) Ce sont aussi des noms de femelles d'animaux : *lèbré* (lièvre), *taïsso* (blaireau), *rato, bélélo, furelo*, — d'oiseaux : *caillé, ogassé* (pie), *foubelo* (fauvette), — de villes ou de pays : *franço, gironndo, bayonno*, — ou des noms tendres : *gentille, charmante*. Chaque veau reçoit le nom de sa mère transformé au moyen du diminutif *ou* : *lebrou, taïssou*, etc. (V. E. Marre, *La race d'Aubrac et le fromage de Laguiole* 1895, Montpellier, imp. du « Progrès agricole et viticole, » page 9, note 1.

(2) L. de Malafosse,

dans la mamelle de sa mère. La traite terminée les veaux sont ramenés à leur pâturage ou à leur parc.

Le fromage fabriqué sur les montagnes d'Aubrac est connu sous le nom de « *fromage de Laguiole* » ou plus simplement « *Laguiole* ». Le *cantalès* et ses deux aides convertissent d'abord le lait en *caillé* au moyen de l'addition de présure préparée avec des caillettes d'agneaux, puis le pressent avec les mains et avec les genoux dans une *faisselle* pour faire sortir le petit lait. Ils le disposent ensuite sous la faisselle qu'ils chargent d'une grosse pierre et le laissent ainsi pendant 12 heures. Les blocs de caillé sont alors triturés et mélangés ensemble sur la *selle*, table basse à trois pieds ; on y ajoute du sel et on place la *fourme* ainsi obtenue dans un moule en bois de forme cylindrique recouvert d'un linge, qu'on introduit sous une presse formée de deux madriers dont l'un supporte une énorme pierre. Au bout de 36 heures, la fourme est mise en cave où elle reste jusqu'à l'époque de la vente.

Le poids des fromages varie de 40 à 45 kilogr. Chaque vache donne à la fin de la saison 50 à 60 kilogr. de fromage. On en fabrique annuellement sur la montagne 20.000 quintaux représentant une valeur moyenne de 1 200 000 fr. qui sont vendus principalement dans le département du Midi ou exportés en Algérie. Le prix moyen est de 60 à 70 fr. les 50 kilogr. Il faut environ 450 litres de lait pour faire 50 kilogr. de fromage.

La vente du fromage couvre généralement dès la deuxième année tous les
frais, y compris l'intérêt des sommes
avancées la première année pour l'a-
chat des pâturages, du troupeau, etc. A
partir de la troisième année, le produit
de la vente des bestiaux constitue un
bénéfice net pour le propriétaire ; les
taureaux sont vendus à l'âge de 3 ans et
demi ; les génisses à 2 ans et demi. On
peut évaluer à 9 ou 10.000 bêtes à cornes la quantité d'animaux vendus annuellement dans les montagnes d'Aubrac.

« L'industrie du laitage, dit M. Deltour, n'est cependant pas ce qui re
commande le plus cette belle race
d'Aubrac, si connue et si appréciée
aujourd'hui dans les concours. Trois
qualités la distinguent particulièrement :
elle est rude au travail, elle est sobre et
se contente de peu, elle engraisse facilement et prend place au premier rang
dans les concours d'animaux de bou-
cherie. »

La race d'Aubrac est répandue dans
tout le département de l'Aveyron, sauf
sur la lisière occidentale où la race de
Salers domine ou se trouve en mélange
avec elle. La plupart des zootechniciens
reconnaissent que cette race n'est
qu'une variété de la race vendéenne (1).

_______________

(1) Les caractères distinctifs de la race d'Aubrac
sont les suivants : les jambes courtes et fortes, les
pieds massifs, la tête grosse, le museau court, les
cornes fortes, d'une longueur médiocre, relevées et
contournées avec grâce, blanches à la base, noires à
l'extrémité, le poitrail large, le coffre bombé, le dos
écrasé et aplati : le pelage d'une teinte unie varié

La confection du fromage et la garde des bêtes à cornes occupent sur le plateau d'Aubrac environ 1100 individus. Cette population a un type tout spécial : elle a conservé des mœurs simples et primitives (1). Au physique le corps est nerveux et musclé, la stature élevée, les formes plutôt massives et la physionomie dure et sévère. Le caractère est resté longtemps sombre et farouche et jusqu'à ces dernières années les combats singuliers et les rixes fréquentes pendant les veillées nécessitaient l'intervention de la gendarmerie. « Ces hommes, disait Monteil en l'an X, sont les descendants directs des Gaulois de César et attestent bien mieux la vérité de ses Commentaires que les débris incertains d'Autun et de Gergovie » (2).

La situation privilégiée d'Aubrac qui, malgré son altitude considérable, jouit pendant l'été d'une température relativement élevée en raison de son exposition favorable et de la présence de som-

---

du brun très foncé au jaune froment, il n'est jamais noir, ni blanc, ni rouge ni marqué de taches noires, blanches ou rouges. Le mufle et le bord des paupières sont noirs et entourés d'une auréole blanche ; les muqueuses, notamment la cupule des testicules chez les mâles, la vulve chez les femelles, sont noires.

(1) On nous permettra de citer les traits de mœurs suivants. Pendant l'été, on rencontre souvent dans les pâturages ou dans la forêt les buronniers cheminant pieds et jambes nues, leurs souliers, leur pantalon et leur blouse sur l'épaule, au bout d'un bâton, les pans de la chemise flottant au vent. En mars et en avril les femmes vont pêcher les grenouilles, leurs chemises relevées jusqu'aux aisselles et pataugent ainsi dans les mares, sans souci des passants.

(2) Alexis Monteil. *Description du département de l'Aveyron*, Rodez, imp. Carrère, an X.

mets qui le garantissent contre les vents du Nord, y attire depuis une dizaine d'années tous les étés deux à trois mille personnes qui viennent y faire une cure d'air et de petit-lait. Il faut se garder de croire qu'Aubrac offre aux personnes habituées à la vie compliquée des stations balnéaires les distractions nombreuses et le confortable auxquels elles tiennent tant. Tout y est primitif. Dans le patois du pays on donne aux buveurs du petit-lait le nom de *gaspifeyros* ; ce sont généralement des Parisiens, originaires du Cental ou de l'Aveyron. Aussi la société qui se réunit dans les hôtels plus que modestes d'Aubrac a-t-elle un aspect tout particulier. Le touriste de passage qui n'y séjourne que quelques heures, y coudoie le mastroquet, le porteur d'eau ou le marchand de charbon, venus pour respirer l'air natal et se reposer de leurs fatigues en contemplant l'admirable panorama qui se déroule devant leurs yeux et ne leur rappelle en rien les rues mouvementées de la capitale.

Si l'on trouvait à Aubrac des hôtels plus confortables et une société plus select, cette station pourrait être appelée à devenir une villégiature de premier ordre.

Les environs d'Aubrac offrent d'agréables promenades et de charmantes excursions. Nous devons mentionner en premier lieu l'ascension du pic de *las Truques* (1442 m. d'altitude) ; de ce sommet la vue s'étend au sud sur les escarpements qui bordent la vallée du

Lot, le *Causse* du *Comtal*, Rodez, la vallée de l'Aveyron et les hauteurs qui la séparent de celle du Viaur, la chaine des Palanges et du Lévézou, à l'est sur les plateaux de la Lozère, la pente profonde où coule la Truyère et les monts de la Margeride, à l'ouest sur le plateau de la Viadène ; au nord se dessine très nettement à l'horizon le groupe puissant des montagnes du Cantal et par un temps clair il est facile d'apercevoir aussi les cimes aiguës du Sancy.

Du sommet du *Puy de Gudette* (1435 m. d'altitude), la vue embrasse Nasbinals et la vallée du Bès, l'ensemble du plateau d'Aubrac avec ses pâturages et ses innombrables troupeaux.

L'ascension des sommets plus rapprochés d'Aubrac, *Puys de Regambal* (1424 m.) et *des Mossous* (1405 m.) se fait encore plus facilement : la vue est plus étendue du côté de la vallée de la Boralde et du ruisseau de Canut.

Les lacs des Salhiens, de Bord et de Saint-Andéol, moins intéressants que ceux d'Auvergne, méritent cependant une visite. L'excursion sera plus intéressante encore si on a le temps de pousser jusqu'à la brèche ouverte au milieu des prismes basaltiques par le ruisseau des Plèches, dont les eaux bondissantes descendent de gradin en gradin pour former une jolie cascade et jusqu'à la montagne du Peyrou (1310 m. d'altitude) ; on y trouvera les centres d'éruption d'où sont sorties les grandes coulées de lave qui ont recouvert le plateau d'Aubrac, et les traces irrécusables du glacier qui occupait la valle du Bès à l'époque quaternaire.

Les eaux du lac des Salhiens forment une belle cascade de 30 mètres de hauteur, surplombant une curieuse excavation. Du lac de Bord, il est facile d'atteindre le signal de Mailhebiau (1471 m. d'alt.), point culminant de la chaine d'Aubrac. A ses pieds le touriste voit s'ouvrir de profondes vallées noires de forêts ; en face de lui se dressent les tables de pierre des *Causses* ; au loin les massifs du mont Lozère et de l'Aigoual se détachent en lignes bleues sur l'horizon.

La route d'Aubrac à Saint-Chély conduit en quelques minutes le promeneur à la futaie de Gandilloc. Après en avoir dépassé les frais ombrages, il aperçoit bientôt les dykes basaltiques de Belvezel ou *rochers du diable*, qui semblent de gigantesques menhirs dressés par des génies mystérieux dans la pittoresque vallée de la Boralde.

Ceux qui aiment à retrouver les témoins des âges écoulés, pourront explorer avec plaisir et profit les restes de la voie construite par les légions des Césars pour relier *Segodunum* à l'antique *Lugdunum*, à moins qu'ils ne préfèrent fouiller les tumuli de Bord et de Puech Cremat, ou chercher dans le lac de Saint-Andéol les vestiges d'*Ad Silanum*.

On peut se rendre à Aubrac soit par Rodez, soit par Aumont (ligne de Neussargues à Béziers). Dans le premier cas, on a 60 kil. de voiture à faire, ce qui demande 9 à 10 heures, y compris une halte forcée à Espalion. En abordant Aubrac par Aumont, on doit compter 3 à 4 heures de voiture pour franchir les 34 kil. qui séparent Aubrac de cette station. Le premier parcours est de beaucoup le plus intéressant. Nous nous estimerons heureux si ces indications peuvent être de quelque utilité à ceux de nos lecteurs qui seraient désireux de visiter Aubrac ou d'y séjourner quelque temps.

Rodez — Imprimerie E. Carrère.